BIBLIOTHÈQUE ÉLÉMENTAIRE

SOUS LA DIRECTION DE

M. L'ABBÉ THÉOD. PERRIN.

VOYAGE

DANS

L'INTÉRIEUR DE L'AFRIQUE.

PARIS,

SOCIÉTÉ REPRODUCTIVE DES BONS LIVRES,
8, Rue Saint-Hyacinthe-St.-Michel;

EN FRANCE ET A L'ÉTRANGER,
AUX BUREAUX DE LA SOCIÉTÉ.

1838.

VOYAGE

DANS

L'INTÉRIEUR DE L'AFRIQUE.

—

Cette partie du monde, séparée seulement de l'Espagne par le détroit de Gibraltar, et par conséquent si rapprochée de nous, est cependant moins connue que l'Asie et l'Amérique. Cela vient de l'âpreté du pays qui, par sa nature même, est un puissant obstacle aux explorations scientifiques, et du caractère féroce des peuples qui l'habitent, et chez lesquels les voyageurs sont presque continuellement en danger de perdre la vie. Tout ce que les Européens ont pu faire, a été d'établir quelques comptoirs sur les côtes, et de fonder une colonie au Cap de Bonne-Espérance; encore cette colonie, dépendant de l'Angleterre, est-elle, sans relâche, en guerre avec les Hottentots et les Cafres, qui défendent leur liberté avec une opiniâtreté à toute épreuve. L'*Association Africaine*, formée en Angleterre pour encourager les voyageurs et raviver la passion des découvertes, n'a pas été, jusqu'à ce jour, fort heureuse dans ses tentatives : des hommes d'un courage et d'un mérite éprouvés, ont été massacrés dans l'intérieur de l'Afrique; et par suite, un grand nombre de ceux qui eussent été tentés de marcher sur leurs traces, ont été retenus par la crainte de s'exposer à subir le même sort. Toutefois, si les connaissances que nous avons de l'Afrique sont moins étendues qu'on le désirerait, elles sont en revanche d'un intérêt piquant et soutenu. L'aspect du pays, les mœurs et les usages d'une foule de peuplades qui jamais n'ont rien emprunté à la civilisation, et les aventures des voyageurs qui les ont visités, seront pour nous autant de nouveautés attrayantes.

Notre voyage dans l'intérieur de l'Afrique comprendra cinq divisions : 1° nous pénétrerons dans le Cap de Bonne-Espérance, puis nous jetterons un coup-d'œil sur le pays des Cafres et des Hottentots; 2° la Guinée et la Sénégambie deviendront le champ de nos explorations ; 3° nous visiterons l'Abyssinie, la Nigritie, la Nubie et le Désert; 4° nous traverserons rapidement l'Égypte ; 5° un aperçu physique et moral des Etats barbaresques viendra terminer notre voyage.

Cap de Bonne-Espérance.

(1re Division.)

L'Afrique forme en quelque sorte un triangle dont la base est représentée par le littoral de la Méditerranée, et dont le sommet est le Cap de Bonne-Espérance que l'on nomme tout simplement le CAP, et qui occupe l'extrémité méridionale du continent. Le Cap est un pays plus montagneux que plat, d'un aspect richement varié et assez favorable ; quant au climat, les montagnes les plus remarquables sont celles de la Table, du Lion et du Diable, qui environnent la vallée où s'élève la capitale de la colonie. Celle de la Table est ainsi nommée, parce qu'à une certaine distance son sommet paraît uni comme une table, bien que vu de près on le trouve couvert d'aspérités. Pendant l'été, qui dure depuis le mois de septembre jusqu'au mois de mars, si ce n'est plus, on aperçoit souvent, au sommet des montagnes de la Table et du Diable, un brouillard épais et blanchâtre que l'on considère comme la cause des vents du sud-est qui soufflent avec tant de fureur sur le Cap, que pour préserver certains végétaux de la mort, on est obligé de les garantir avec des char—

milles ou de grandes haies. Lorsque. les matelots et les gens du pays dé-couvrent ce brouillard, ils ne man-quent pas de dire : « *La table est ou-verte,* ou *la nappe est mise sur la table.* »

La montagne du *Lion* n'est séparée de celle de là Table que par une sorte de vallon excessivement resserré. On ne sait au juste d'où lui vient son nom; les uns croient qu'autrefois elle servait de repaire à une multi-tude de lions ; d'autres l'attribuent à sa forme qui, du côté de la mer, représente un de ces animaux.

La montagne du *Diable,* que l'on nomme aussi la montagne du *vent,* est moins élevée que les deux autres, et n'est séparée de la précédente que par un ravin. Les vents qui soufflent de ce côté sont d'une telle violence, que souvent les maisons sont culbutées.

A quatre ou cinq lieues de la ville du Cap, on retrouve encore les montagnes du *Tigre*, qui sont d'une fertilité remarquable, et dont la surface est nuancée comme la peau de la bête féroce qui porte son nom.

Les arbres et les plantes qui croissent dans la colonie du Cap, sont à-peu-près les mêmes qu'en Europe; mais Levaillant assure que les fruits ont dégénéré et ne valent pas les nôtres. Le vin seul est recherché avidement et mérite de l'être; il est appelé vin *de Constance* ou de *Madère*. On retrouve çà et là de magnifiques plaines et d'immenses pâturages, où paissent des troupeaux de chevaux, d'ânes, de mulets, de bœufs, de chèvres, de moutons et de cochons.

La population de la colonie du Cap se compose d'Anglais, de Hollandais, de Français, de Hottentots, de Nègres et Malais. Les Anglais s'occupent spécialement du commerce et des arts mécaniques; les Hollandais s'occupent, pour la plupart, d'élever les troupeaux de bœufs, de moutons, et des travaux de l'agriculture. La culture des vignes et les différens soins qu'elles réclament, sont confiés presque toujours à des colons d'origine française. Les Hottentots vivent en domesticité; ils sont bons, crédules, hospitaliers, mais paresseux à l'excès; et si leurs maîtres le leur permettaient, ils passeraient volontiers tout le temps de leur vie à fumer et à boire des liqueurs fortes. Les Nègres, qui vivent dans la même condition que les Hottentots, sont patiens, actifs et travailleurs. Les Malais, enfin, posséderaient toutes les qualités de l'esclave, s'ils n'étaient enclins à la vengeance et si l'on ne craignait, à chaque instant, d'être assassiné par eux.

Hottentots.

A peine a-t-on franchi les frontières qui limitent au nord les possessions coloniales du Cap, que l'on se trouve dans le pays des Hottentots. Ce peuple vit à l'état sauvage, et lorsque ses tribus ne sont pas en force pour lutter contre les Cafres ou les Anglais du Capelles, elles abandonnent soudain leurs huttes et se réfugient dans les bois, où on les chasse à outrance comme des bêtes féroces. Ces Hottentots des bois sont appelés par les Anglais *Bushmen*, c'est-à-dire hommes des taillis.

Les Hottentots ont la peau brunâtre comme la suie, le nez entièrement épaté, les lèvres grosses et avancées, les pommettes saillantes, et un visage de singe. Leur chevelure est courte et laineuse comme celle des Nègres ; leur taille varie de cinq à six pieds ; ils sont robustes et d'une légèreté surprenante. Leur adresse à manier la sagaie (javelot) est merveilleuse. Une peau de mouton recouvre le dos des Hottentots et leur sert en même temps de matelas pour la nuit, et de drap mortuaire quand ils ont rendu le dernier soupir. Les riches remplacent la peau de mouton par une peau de panthère ou de chat sauvage. A l'époque des grandes chaleurs, les Hottentots s'enduisent les membres de suif et de graisse, ce qui leur donne une odeur infecte qui se sent de fort loin. Pendant l'hiver, ils se couvrent la tête d'une calotte de mouton ou de peau de chat sauvage. Ces Africains sont en général d'une malpropreté révoltante.

Les Hottentots indépendans sont passionnés pour la chasse, où ils font preuve d'une adresse admirable. Tantôt ils tendent des piéges aux animaux sauvages, tantôt ils les guettent et les attaquent avec des flèches

empoisonnées ou des sagaies; ce sont
les deux armes 'dont ils font habituellement usage. Leurs flèches sont
en roseaux et travaillées avec beaucoup de goût; longues tout au plus
de deux pieds, elles sont terminées
par de petits os aiguisés et trempés
dans un poison violent. La sagaie est
beaucoup moins dangereuse, et offre
la forme d'une lance; on ne l'emploie guère que dans les mêlées.

Comme tous les sauvages, les Hottentots se livrent avec beaucoup de
plaisir aux exercices de la danse qui,
d'habitude, ont lieu la nuit aux sons
du goura, du joum-joum, du rabou-
quin et du romelpot. Tous ces ins-

trumens produisent plutôt des sons
discordans qu'harmonieux, et imi-
tent en quelque sorte nos *charivaris*.

Les Hottentots sont flegmatiques
et paresseux lorsqu'il ne s'agit ni de
danse ni de chasse; mais ils sont bons
et toujours prêts à rendre service.
Réduits en domesticité par les Européens, ils prennent les maux en pa-
tience, et jamais il ne leur vient à
l'esprit la moindre idée de vengeance.
Ils s'attachent assez communément à
leurs maîtres; cependant si on les
maltraite par trop, ils s'échappent à
la première occasion, et gagnent les
bois, où on les traque, avons-nous
dit, comme des animaux féroces.

Les huttes habitées par les Hottentots ont environ neuf pieds de diamètre ; des peaux de moutons, et plus souvent des nattes, en forment souvent le toit : elles ressemblent à des tanières enfumées, dans lesquelles il serait impossible à un européen de vivre un seul jour, et pourtant c'est là que dorment les sauvages de l'Afrique méridionale, étendus sur des nattes ou sur la peau qui, pendant la journée, recouvre leurs reins. Ces hommes se nourrissent de racines et des produits de leur chasse ou de leur pêche.

Lorsqu'un Hottentot meurt, on l'ensevelit dans une mauvaise peau et on lui tord les membres, de manière à les envelopper complètement; puis sa famille le jette dans une fosse creusée à quelque distance de la horde, et le recouvre d'un peu de terre et de grosses pierres. Ces précautions ne servent en rien contre la voracité des hyènes, des panthères ou des chacals, qui déterrent promptement le cadavre pour en faire leur pâture. Lorsque l'on enterre une personne de distinction, un chef de horde par exemple, les Hottentots hurlent autour de la fosse, s'emportent en toute sorte d'imprécations contre la mort, et chargent le cadavre d'un tas de terre et de pierres beau-

coup plus-considérable et plus appa-
rent que lorsqu'il ne s'agit que d'une
sépulture ordinaire.

Cafres.

Les Cafres sont voisins des Hottentots, avec lesquels ils vivent ra-
rement en bonne intelligence. Ces
sauvages habitent au nord-est des
précédens et sur la côte orientale de
l'Afrique australe. Ils ont le teint
gris noirâtre ou plombé, de grosses
lèvres, le nez arqué, et des pommettes saillantes. Leur taille est généralement plus élevée que celle des
Hottentots, et il est rare de rencon-

trer un individu qui ait moins de
cinq pieds cinq pouces. La saillie de
leurs pommettes est moins désagréable que chez le peuple dont
nous venons de parler. Les huttes
des Cafres présentent la forme d'un
demi-globe, et sont faites avec de la
terre glaise; la porte en est tellement étroite et basse, qu'il faut se
mettre à plat-ventre pour y pénétrer. L'âtre se trouve au milieu de
la hutte, et un petit canal pratiqué
dans l'intérieur de cette sauvage habitation, sert à l'écoulement des
eaux. Les Cafres n'étant point nomades comme les Hottentots, il n'est
pas surprenant que leurs huttes soient

bâties avec plus de soin et de soli-
dité que celles de leurs voisins.

Les Cafres portent un petit manteau en peau de veau ou de bœuf,
et ils mettent assez de recherches
dans leur parure ; ils ornent leurs
bras ou leurs jambes de bracelets d'i-
voire, et ils aiment beaucoup la ver-
roterie et les anneaux de cuivre ; ils
se font aussi des colliers avec de petits os enfilés qu'ils savent parfaite-
ment polir et qui ont une blancheur
éclatante. Les femmes ne font aucun
cas de ces ornemens, ce qui donne à
croire qu'elles sont assez convaincues
d'avoir des grâces naturelles.

Elles s'occupent ordinairement à

travailler la poterie, à fabriquer des paniers et à ensemencer les champs, après les avoir remués avec des pioches de bois.

Les Cafres reconnaissent une espèce de roi, qui, du reste, ne jouit pas de grand priviléges. Il est aimé et respecté de ses sujets, qui ne subissent aucun impôt. Ce chef des Cafres est souvent plus pauvre que ceux de sa race ; sa cabane ne s'élève pas au-dessus des autres, et n'en est distinguée par aucun ornement. Le pouvoir souverain est héréditaire dans la famille royale.

Le Cafre est plein de courage et n'emploie d'autre arme que la sa-

gaie ; il ne se cache point derrière
un rocher ou un buisson pour envoyer la mort à son ennemi ; il ne
lance jamais de flèches empoisonnées, mais il se bat à découvert et
se fait toujours honneur d'exposer
sa vie quand il attaque un adver-
saire. Quelquefois il se protège avec
un bouclier de peau de buffle, et
manie adroitement une massue de
deux pieds et demi de hauteur. Si
alors il ne se trouve pas à portée de
l'ennemi, il lance cet assommoir;
et Levaillant rapporte qu'en pareille
circonstance il est rare qu'il n'at-
teigne pas au but qu'il s'est proposé.
« — J'ai vu, dit-il, l'un de ces sau-

vages tuer ainsi une perdrix dans le moment où elle s'élevait pour s'envoler. »

La polygamie est d'usage chez les Cafres comme chez tous les peuples soumis à la loi de Mahomet; leurs mariages sont fort simples et gaîment célébrés pendant des semaines entières, quelquefois moins, selon la richesse des fiancés. Leurs danses et leurs instrumens de musique sont, à peu de chose près, les mêmes que dans le pays des Hottentots.

A la mort d'un Cafre, les filles n'héritent point, et tout est partagé entre les enfans mâles et la mère. Nous avons vu, parmi les Hotten-

tots, avec quelle simplicité se font les
sépultures ; mais la froideur que l'on
y remarque est encore poussée plus
loin chez les Cafres. Une fosse com-
mune, ouverte à quelque distance
des habitations de la horde, est des-
tinée à recevoir les cadavres, et tout
porte à croire que la peste se décla-
rerait infailliblement dans le pays, si
les bêtes féroces n'exhumaient sans
retard cette chair humaine aban-
donnée dans une fosse que ne recouvre pas une seule pelletée de
terre.

La contrée que peuplent les Cafres est richement variée ; ici, ce sont
des montagnes couronnées de forêts

vierges; là, des broussailles éparpil-
lées sur une vaste étendue de terrein
et servant de repaire aux gazelles, aux
panthères et aux chats sauvages; ailleurs, enfin, on aperçoit de beaux
pâturages sillonnés de rivières et de
ruisseaux, et où paissent de nombreux troupeaux de bœufs et de
moutons.

2e DIVISION.

Guinée inférieure.

La Guinée s'étend le long de l'O-
céan Atlantique, depuis la Sénégambie qui la limite au nord, jus-

qu'au pays des Cimbebas, voisin de celui des Hottentots. Elle se divise en haute et basse Guinée, ou Guinée supérieure et inférieure. Celle-ci, qui porte aussi le nom de Congo, est presque trois fois aussi grande que la France ; mais on ne sait rien de positif sur le nombre de ses habitans. Dans la Basse-Guinée ou Congo, le printemps commence en octobre et finit en janvier ; c'est alors que se font les moissons et que la chaleur devient insupportable. Les montagnes ne sont guère mieux connues que les fleuves qui arrosent ce pays, et dont on n'a pas encore découvert ses sources. Le sol de la Basse-Guinée est fertile dans certaines localités, marécageux ou sablonneux dans d'autres ; le sel et le fer sont les productions minérales les plus abondantes ; la végétation y est riche et remarquable : le maïs, les haricots et le blé sarrasin donnent trois récoltes en six mois. On rencontre en outre du tabac, des vins de médiocre qualité, du coton, des aromates, des oranges, des citrons, et beaucoup d'autres fruits. Les palmiers et le baobab croissent communément dans le Congo, et sont, à vrai dire, des merveilles de la végétation. Ainsi, M. Albert-Montémont rapporte qu'il se trouve dans ce pays plusieurs troncs de baobab, que vingt hommes ne pourraient enlacer de leurs bras. Parmi les animaux qui peuplent la Basse-Guinée, on remarque des buffles qui se promènent par troupes nombreuses, des chevreuils, une pro-digieuse quantité de singes, des chiens sauvages, des loups, des sangliers, des limaces énormes et des boas. Ces serpens, qui ont jusqu'à trente pieds de longueur, se repaissent des plus gros animaux qu'ils rencontrent; dès qu'ils les aperçoivent, ils rampent avec précaution jusqu'à eux, se roulent autour de leurs membres, et les brisent dans leurs replis. Ces boas ne sont dangereux qu'au-

tant qu'ils ont faim, car une fois ras-
sasiés, ils peuvent à peine changer
de place, et leur état de torpeur ne
cesse que lorsque la digestion est terminée, ce qui demande un laps de
temps très-considérable. On trouve
aussi dans le Congo de nombreux essaims d'abeilles, des paons et des autruches.

Les habitans du Congo sont de
couleur noire. Les missionnaires Portugais parvinrent, après de longs et
pénibles efforts, à convertir quelques-uns de ces nègres à la religion
chrétienne ; mais d'autres indigènes
eurent la cruauté d'empoisonner les
prédicateurs européens, et dès-lors

les convertis reprirent le culte des fétiches. Chaque individu, chaque famille, chaque tribu, a son fétiche ou sa divinité, qui tantôt est une montagne ou un arbre, tantôt un oiseau ou un objet de mince valeur, en qui les nègres placent toute leur confiance. S'il arrive à un habitant du Congo de former des désirs, de projeter une entreprise, d'essuyer quelques revers, il implore la protection de son fétiche : si par exemple cette divinité est un animal, et que par inadvertance un nègre le tue, il est assez puni par la douleur et les remords incessans qu'il éprouve; si le meurtier est un eu-

ropéen, il peut s'attendre à payer de
sa vie son imprudence.

Les nègres du Congo ont bonne
mémoire; leurs sentimens et leurs
instincts sont, à peu de chose
près, ceux de la brute. Vils et ram—
pans devant leurs maîtres, ils sont
barbares envers leurs esclaves, qu'ils
traitent avec la dernière cruauté, et
qui ne peuvent les approcher qu'en
se traînant à genoux. Chez ces nè—
gres, les rois ont seuls le droit de
chausser des bottes, et les grands de
porter pantoufles. Là ne se borne
point la bizarrerie des coutumes con—
gues, et l'une des plus singulières
est, sans contredit, celle qui or—

donne aux hommes de garder le lit lorsque leurs femmes viennent d'accoucher. Dans ce pays, il y a des princes qui font autant de cas d'un bonnet blanc, qu'un monarque européen de sa couronne montée de diamans. Lorsque l'on entend le son des grelots, on peut être certain de n'être pas éloigné d'un seigneur de Lubolo, qui tient à honneur de porter ces sonnettes à sa ceinture. Chaque roi, chaque prince a ses coutumes à lui, et il les observe d'une manière surprenante : lorsqu'il commence à pleuvoir, le roi de Zoango ne manque jamais d'envoyer un de ses ministres à la tête d'une procession, afin qu'il commande à la pluie d'arroser ses terres. Le moment est assez bien choisi pour que le ciel obéisse à l'injonction royale. On rapporte qu'au centre du Congo, sur la rivière de Zao, se trouve la cour d'un roi nègre, d'une pauvreté et d'une modestie exemplaires. Parmi les usages établis dans cette cour, on remarque celui que nous allons mentionner : lorsque l'on veut délibérer sur quelque mesure ou sur quelque projet, les douze ministres du roi se rendent dans une plaine environnée de palmiers; dans cet endroit se trouvent treize cruches, dont une seule vide; les autres sont remplies d'eau.

Chacun des ministres saute dans une cruche et s'y plonge jusqu'au cou; alors on délibère, on émet son opinion, et si les avis sont partagés, deux cailloux ronds, l'un blanc, l'autre rouge, sont aussitôt jetés dans la treizième cruche vide. Le roi tire, et le caillou qu'il amène donne raison au parti qu'il représente.

Nous devons aussi faire mention d'une coutume non moins singulière que la précédente, et qui se pratique à la cour d'un autre prince noir de la Basse-Guinée. Ce prince fait renfermer des vipères dans des pots, et de temps en temps un courtisan est chargé d'en briser un et obligé de supporter la piqûre du reptile qu'il contient. Celui qui supporte la douleur sans faire la grimace ni se plaindre, est comblé d'éloges et d'honneurs ; si le contraire arrive et qu'il se plaigne après avoir été piqué à la jambe, il est hué de toutes parts et couvert de mépris. Une fois cette épreuve terminée, le prince ordonne que la plaie soit immédiatement brûlée, et que la victime avale un contre-poison ; mais souvent il arrive que ces remèdes sont infructueux, et les courtisans succombent par suite de ces morsures de vipères.

Les nègres du Congo empoisonnent leurs flèches, et il en est parmi

eux (ceux du Zoango) qui se pei-
gnent le corps en rouge avant de
marcher à la rencontre de leurs
ennemis. Après le combat, les vain-
queurs vendent ordinairement leurs
prisonniers à des marchands assez
bien considérés dans le pays, et qui
les revendent aux Européens. C'est
là ce qu'on appelle la *traite des
noirs.* Malgré les traités qui abolis-
sent te commerce de chair humaine,
il est cependant certain qu'il existe
encore.

Guinée Supérieure.

La Guinée supérieure est bornée

au sud par le Congo, et au nord par la Sénégambie. On ne connaît ni la direction des montagnes qui sillonnent cette contrée, ni la source des rivières qui l'arrosent. Les végétaux sont à-peu-près les mêmes que dans la Basse-Guinée. Les panthères, les léopards, les buffles, les éléphans, les chats et chiens sauvages, les singes, les reptiles et des fourmis monstrueuses, composent le règne animal. Ces fourmis, entr'autres, commettent des dégâts inconcevables; elles attaquent les rats, et finissent toujours par en faire leur proie. En peu de temps, elles creusent des troncs d'arbres et des poutres qui s'écroulent au moment où l'on ne s'y attend pas, et mettent en danger la vie des habitans. Il suffit d'une nuit à ces fourmis pour ronger les bois qui servent à la construction d'une habitation; leurs nids s'élèvent au milieu des champs et sur les collines à hauteur d'homme environ. Le nombre de ces fourmis est prodigieux, et lorsqu'elles font invasion quelque part, on ne trouve pas de meilleur moyen que de déloger et de leur laisser le champ libre.

Parmi les nègres qui habitent la Guinée supérieure, les uns suivent la religion de Mahomet, mais ils ne possèdent ni mosquées, ni signes de leur culte; d'autres adorent les fétiches, et un petit nombre a été converti au christianisme par les Européens, qui ont des comptoirs sur les côtes. Leur caractère ne diffère que peu ou point de celui de leurs frères de la Basse-Guinée. La Guinée supérieure comprend plusieurs royaumes indépendans et connus imparfaitement, parmi lesquels nous distinguerons ceux de Juida, d'Ardra et de Bénin.

Royaume de Juida.

On ne sait rien de positif sur l'étendue de ce pays; mais tous les voyageurs européens qui l'ont visité, s'accordent à dire qu'il est délicieux. La végétation y est admirable : ici, ce sont des campagnes magnifiques ; là, des collines aux pentes légères et ornées de bosquets, d'orangers, de limoniers, etc. ; ailleurs s'élèvent, par groupes disséminés, des bananiers et des figuiers qui laissent voir, à travers leurs rameaux, les toits de paille et de cannes des nombreux villages de la contrée. Les nègres de Juida passent pour être fort industrieux ; ils cultivent différentes espèces de blé, des pois, des fèves, des patates, le riz, le millet, des melons et plusieurs autres

plantes ; en un mot, ils cultivent la
terre de façon à rendre leurs grands
chemins aussi étroits que des sen-
tiers. La chaleur est excessive dans
cette contrée, et un Européen ne peut
y marcher long-temps sans tomber
de fatigue. Quiconque possède de quoi
payer des porteurs, voyage ordinairement étendu dans un hamac, ou
une serpentine garnie de rideaux, que
portent deux hommes. Les nègres
du royaume de Juida sont grands
et robustes ; leur couleur est moins
foncée que celle des habitans de la
Côte-d'Or. On retrouve chez eux cette
mémoire prodigieuse dont il a été
question dans notre aperçu de la

Basse-Guinée; et sans plume et sans encre, ils calculent les plus grosses sommes avec autant d'exactitude que les Européens. Les habitans de Juida remplissent les devoirs de la civilité d'une façon tout-à-fait singulière; d'habitude, l'inférieur se jette aux pieds du supérieur, baise trois fois la terre et ne se relève que lorsqu'on le lui a ordonné. Si, en société, une personne de distinction éternue, tous les assistans se prosternent à genoux, baisent la terre et souhaitent à cette personne toute sorte de prospérités. Bosman dit qu'à l'exception de deux ou trois des principaux seigneurs du pays, toute la nation de Juida n'est

qu'une troupe de voleurs, d'une
expérience si consommée dans leur
profession, que, de l'aveu des Français, ils entendent mieux cet art que
les plus habiles filous de Paris.

Le Serpent de Juida.

Il y a dans le Juida une sorte de
serpent que l'on vénère comme un
Dieu, et voici ce que nous savons
sur l'origine du culte rendu à cet
animal : les nègres de cette contrée
étant prêts à livrer bataille aux habitans d'Ardra, il sortit de l'armée
de ces derniers un gros serpent qui
passa à l'ennemi. Ce reptile n'effraya

personne; il paraissait d'une humeur si douce que le grand sacrificateur le prit dans ses bras et le montra à toute l'armée. Les soldats de Juida tombèrent aussitôt à genoux, l'adorèrent comme une divinité; puis, se relevant pleins de courage, ils se ruèrent sur l'armée d'Ardra qu'ils battirent complètement. Cette victoire attribuée à la puissance mystérieuse du serpent lui valut des honneurs sans nombre; on lui bâtit un temple, et l'innocent animal ne tarda pas à l'emporter sur toutes les autres divinités. Il eut à son service un grand pontife et des prêtres, et les gens du pays sont persuadés que le serpent qu'ils adorent aujourd'hui est le même d'autrefois. Lorsqu'un nègre rencontre un des serpens de l'espèce de son fétiche, il éprouve une indicible sensation de bonheur; il le loge et le soigne avec tous les égards possibles. Quiconque insulterait ce reptile en le touchant du bout d'un bâton, serait condamné à être brûlé.

Voici quelques histoires relatives au serpent fétiche, et consignées dans l'ouvrage de M. Walckenaer:

« Lorsque les Anglais commencèrent à s'établir dans le royaume de Juida, un capitaine de leur nation ayant débarqué ses marchandises sur

le rivage, ses gens trouvèrent, la nuit,
dans le magasin, un serpent fétiche
qu'ils tuèrent innocemment, et qu'ils
jetèrent devant leur porte sans se dé-
fier des conséquences. Le lendemain,
quelques nègres qui reconnûrent le
sacrilége, et qui en apprirent les au-
teurs par la confession même des
Anglais, ne tardèrent point à répandre cette funeste nouvelle dans
la nation. Tous les habitans du canton s'assemblèrent ; ils fondirent sur
le comptoir naissant, massacrèrent
les Anglais jusqu'au dernier, et dé-
truisirent par le feu l'édifice et les
marchandises. »

« Vers le même temps, un nègre

d'Aquambou, qui se trouvait dans le pays de Juida, prit un serpent sur son bâton, parce qu'il n'osait y toucher de la main, et le porta dans sa cabane, sans lui avoir causé le moindre mal. Il fut aperçu par deux nègres du pays, qui poussèrent aussitôt des cris affreux, et capables de soulever tout le canton. On vit courir à la place publique un grand nombre d'habitans armés de massues, d'épées et de sagaies, qui auraient massacré sur-le-champ le malheureux Aquambou, si le roi, informé de son innocence, n'eût envoyé quelques seigneurs pour l'arracher à cette troupe de furieux. »

Les serpens fétiches ne sont pas dangereux, et fort souvent ils lassent les Européens par leur familiarité. Quand se font les grandes chaleurs, il n'est pas rare d'en trouver plusieurs dans les maisons, et ces hôtes insupportables se nichent quelquefois dans les lits où ils font même leurs petits.

La défense de tuer ou de blesser les serpens sacrés s'étend jusqu'aux animaux. En 1697, un porc en ayant dévoré un, on condamna à mort tous les porcs du royaume; mais fort heureusement, la clémence du roi vint en absoudre un grand nombre. Si d'autres serpens ne dévoraient les

fétiches, leur progéniture s'éten-
drait singulièrement, et il n'y aurait
pas un coin de terre qui n'en fût in-
festé.

Les fêtes données en l'honneur du
serpent sont d'une grande magnifi-
cence; le son de tous les instrumens
de musique se mêle au bruit impo-
sant des processions. Ce serpent est
en outre l'objet d'odieux sacrifices :
des jeunes filles jetées dans une espèce de cloître sont obligées de se
sacrifier au fétiche, et on leur im-
prime sur la chair saignante toute
sorte d'emblêmes et des serpens. Si
elles survivent à ces affreuses tor-
tures, on les renvoie dans leurs fa-

milles où, dès ce moment, elles jouissent des plus grands honneurs. Pour terminer notre fragment sur Juida, nous devons dire que les habitans de ce royaume sont féroces à la guerre, et ils tiennent à honneur de conserver suspendus à la poignée de leurs armes un morceau du crâne des ennemis qu'ils ont terrassés.

Royaume d'Ardra.

On ne connaît guère mieux ce royaume que le précédent ; il se trouve limité du côté de la mer par Juida et Bénin ; il est assez généralement plat et uni ; le sol est fertile et

produit une grande quantité de blé
d'Inde, de millet, d'ignames, de patates, de limons, d'oranges, de noix
de cocos, de vin de palmier et de sel.
Le règne animal comprend à peu
près toutes les espèces que nous avons
citées précédemment. Les chevaux y
sont très-rares et ne servent qu'à former la cavalerie du roi; car pour
voyager dans ce pays on se fait porter dans des hamacs, comme dans
celui de Juida. Les Européens n'ont
visité jusqu'à présent que les côtes
du royaume d'Ardra; et les voyageurs qui ont poussé leurs excursions
dans l'intérieur des terres, nous ont
donné des versions différentes sur les

lieux qu'ils ont parcourus, de sorte qu'il est naturel de se tenir en garde contre leurs narrations. Les nègres d'Ardra se nourrissent habituellement de riz, de légumes, d'herbes, de racines, de bœuf, de volaille et de chair de chien. Ils sont d'un naturel doux et portent beaucoup de respect aux Européens qui font avec eux un commerce avantageux. Pour deux bagues de cuivre on leur donne un baril d'eau fraîche et une charge de bois à brûler. Un boisseau de sel ne coûte que quatre bagues.

Il y a quelque différence de religion entre les nègres d'Ardra et ceux de Juida; les premiers, quoiqu'aussi ignorans que les seconds, ne laissent pas d'avoir une idée confuse d'un être supérieur; ils s'imaginent que ceux d'entr'eux qui meurent dans une bataille, reviennent sur la terre, mais en changeant de traits, de façon qu'il est impossible à leurs meilleurs amis de les reconnaître. Cette opinion donne un grand courage aux soldats.

Royaume de Bénin.

Le royaume de Bénin est fort peu connu; sa capitale est placée près d'une rivière que les Portugais ont appelée Formosa; elle est sillonnée de belles rues, et les maisons basses

sont couvertes de feuilles de latanier. Le roi de Bénin est adoré
comme une divinité par ses sujets;
il est censé vivre sans prendre de
nourriture, et l'on prétend qu'à sa
mort il ressuscite en prenant d'autres
formes et un autre visage qui empê-
chent qu'il soit reconnu. Les sacrifices humains, dit M. Albert-Montémont, font partie du culte expia-
toire qu'on rend au mauvais principe.
A la fête des coraux, le monarque et
tous les grands trempent leurs colliers de corail dans le sang humain,
en priant les Dieux de ne jamais les
priver de cette marque de leur dignité. Ceux qui négligent de la por-

ter, ou qui la perdent, sont punis de mort. L'armée compte environ cent mille combattans.

Les détails rapides que nous venons de donner sur la Guinée supérieure et inférieure, suffisent à faire connaître le caractère de ces contrées que les Européens ont à peine visitées. Poursuivons maintenant notre voyage dans l'intérieur du continent.

Sénégambie.

La Sénégambie est située au nord de la Guinée supérieure. Elle a tiré son nom de deux rivières qui l'arrosent : le Sénégal et la Gambie. Ses bornes sont : au nord, le grand désert ; à l'est, le Bambara qui est une dépendance du Soudan ; à l'ouest, l'Océan Atlantique ; et au midi, les montagnes qui la séparent de la Guinée. Le Sénégal a comme le Nil ses crues périodiques, et au mois d'octobre lorsqu'il déborde, les plaines d'alentour sont inondées et présentent l'image d'une mer que surmontent une foule de villages qui représentent autant de petites îles où l'on ne peut aborder qu'en bateau. Une fois les eaux retirées, la campagne se couvre de verdure.

Le voisinage de l'équateur fait que le climat de la Sénégambie est le plus chaud du globe. La cause en est aussi aux vents du désert qui s'emparent promptement de l'humidité du sol et de l'atmosphère. Pendant huit mois de l'année, la sécheresse est excessive dans la Sénégambie, et la saison humide ne dure pas plus de quatre mois, à savoir depuis juin jusqu'en octobre exclusivement. Cette contrée est presqu'entièrement couverte de bois, et le terrein n'est fertile qu'aux environs des rivières; ailleurs, on ne rencontre que des sables arides et brûlans.

La Sénégambie est riche en végétaux : on y remarque le palmier, le dattier, le cocotier, et le latanier qui, d'ordinaire, s'élève à une centaine de pieds sans diminuer de grosseur en allant du pied au sommet du tronc. Leurs feuilles ont un pied de long et sont plissées de manière à pouvoir servir d'éventail au besoin. Avec les rameaux du latanier qui se fendent comme l'osier, les nègres font des corbeilles, des cribles, des paniers et toute sorte de petits ouvrages moins importans. Une espèce de dattier fournit aux peuples de la Sénégambie un beurre d'excellente qualité, que dans le pays on appelle huile de palmier. Le cotonnier, l'indigo, le figuier sauvage, le citronnier et le baobab appartiennent aussi à cette

contrée. C'est à l'ombre du baobab
que d'ordinaire les nègres se rassemblent pendant les chaleurs du jour
pour faire la conversation; durant la
nuit, les fleurs de cet arbre se ferment
et ne s'ouvrent qu'aux premiers
rayons du soleil levant; les nègres
s'imaginent qu'elles dorment, et à
l'heure de leur réveil ils n'oublient
point de leur dire dans leur langage :
— « Bonjour, belles dames. »

La Sénégambie n'est pas moins
riche en animaux qu'en végétaux :
en première ligne vient le lion qui est
d'une hardiesse et d'une grosseur sur-
prenantes; tant que la faim ne le
presse pas trop, il n'est point dange-

reux; si on l'attaque, il se retire à reculons, mais il ne tourne jamais le dos. D'habitude il est accompagné par le chacal que l'on nomme aussi chien sauvage, et qui est, dit-on, plus féroce que le tigre. Parmi les animaux sauvages, nous rangerons encore le léopard qui est à la fois agile et cruel, et qui fait une guerre à mort aux chiens; la panthère qui a la taille d'un lévrier; l'once et le loup. L'éléphant d'Afrique qui a ordinairement 9 ou 10 pieds de long sur 11 ou 12 de haut; le buffle, l'antilope, une multitude de singes, des ânes, des bœufs; des vaches, des moutons et des chauves—souris grosses comme des pigeons se rencontrent aussi dans la Sénégambie. Les crocodiles et les hippopotames habitent les fleuves.

Les oiseaux ne sont ni moins nombreux ni moins variés que les quadrupèdes. On trouve dans cette contrée africaine l'autruche, l'aigle, l'oie sauvage, le pélican, le perroquet, la pintade, la cigogne et une multitude d'autres espèces inconnues dans nos climats tempérés.

Les reptiles sont aussi fort nombreux dans la Sénégambie ; ici, ce sont des lézards, des scorpions, des caméléons ; ailleurs, on rencontre des serpens de toute sorte, et

presque tous excessivement veni-
meux. Les plus petits ne sont pas
les moins dangereux ; les plus gros
ont de 40 à 50 pieds de longueur.
Ils attaquent des bœufs, des léopards, des tigres mêmes, les étouf-
fent de leurs replis, leur brisent les
os, et se repaissent de leur chair.

Parmi les poissons, on distingue le
marsouin, le requin qui a environ
25 pieds de long sur 12 de circonférence, le lamantin et la torpille, ou
poisson électrique. Lorsqu'on croit
saisir la torpille avec la main, on ressent une violente secousse, semblable
à celle qui est produite par une bou-
teille de leyde fortement chargée.

Habitans de la Sénégambie.

Voyons maintenant quels sont les mœurs, les coutumes et le caractère des habitans de cette contrée. Ces nègres sont d'un noir foncé, très-brillant, la plupart vont nus, ou se couvrent le corps d'une étoffe de coton. Les hommes du peuple marchent pieds nus, mais les riches portent des sandales de cuir. Les nègres sont toujours armés d'un couteau fixé à la ceinture. Ils se nourrissent habituellement de riz, de racines et d'un mélange de farine que l'on nomme *couscous*, et qui est un mets très-recherché dans le pays.

La cérémonie du mariage se pratique différemment selon les lieux;
dans certains endroits on demande
d'abord le consentement des parens,
puis on enlève la fiancée de vive
force au moment où souvent elle s'y
attend le moins. La famille se fait
une grande réjouissance de l'entendre pousser des cris et de la voir
faire résistance. Les femmes n'ont
point l'habitude de manger avec
leurs maris, mais seulement lorsque
leurs repas sont terminés. La princi-
pale occupation de ces femmes consiste à servir aux nègres du tabac et
des pipes, et à chasser les mouches
qui les inquiètent.

Lorsqu'un habitant de la Sénégambie a rendu le dernier soupir,
assez généralement on habille son cadavre avec ses plus beaux vêtemens,
et on lui adresse quatre questions
auxquelles il est dispensé de ré-
pondre, comme on se l'imagine bien.
Sa famille lui demande pourquoi il
quitte la vie, si on lui a fait tort,
s'il n'était pas assez riche, et s'il n'a-
vait pas assez de belles femmes.

Tous les nègres de la Sénégambie
sont passionnés pour la musique et la
danse. Ils ont aussi des bouffons
qu'ils nomment *guiriots*, et qui les
amusent par des arlequinades ou
leur prodiguent des louanges. La

religion la plus étendue parmi ces peuples est le mahométisme, mais ils n'ont ni mosquées pour se réunir ni jours marqués de dévotion.

Les gouvernemens de la Sénégambie sont absolus, et l'autorité s'y maintient par une impitoyable rigueur : ainsi, tout individu qui manquerait de respect au roi, serait condamné à mort ou réduit à l'esclavage. L'honnêteté veut que quiconque approche d'un roi nègre, fléchisse d'abord un genou, baisse ensuite la main jusqu'à terre, puis la porte sur sa tête, touche la jambe du roi, et recule de quelques pas. Quelquefois on se met aussi de la poussière sur le front.

La nation des Sénégambiens se compose de trois peuples principaux, qui sont les Ghiolofs, les Foulahs et les Mandingues. Les premiers habitent au nord du bassin de la Gambie; ils sont grands, bien faits et d'un caractère doux. Ils sont tellement avares qu'ils vendent même leurs enfans pour s'enrichir.

Les Foulahs habitent vers le centre et l'est de la Sénégambie; ils sont moins noirs que les précédens; leurs traits ne manquent pas d'une certaine finesse; ils ont les cheveux soyeux. Ils mènent une vie nomade qu'ils passent à combattre les animaux féroces avec leurs lances, sagaies, arcs et flèches.

Les Mandingues occupent les deux rives de la Gambie, et forment la nation la plus nombreuse du pays. Ils ont le nez plat et les lèvres très-grosses. Ils sont querelleurs et continuellement armés d'une épée. Ils observent la religion de Mahomet avec une grande rigidité, et ne boivent jamais ni vin ni eau-de-vie.

TROISIÈME DIVISION.

Nigritie, ou Soudan.

Le Soudan est à lui seul aussi grand que la moitié de l'Europe. Il est limité au nord par le Sahara (grand désert) et le Tripoli; à l'est par l'Abyssinie, le Darfour, la Nubie et l'Egypte; à l'ouest par la Sénégambie, et au sud par la Guinée et des pays inconnus. Cette contrée est sillonnée par de hautes montagnes et des rivières considérables; mais les unes et les autres sont si peu connues, que nous nous bornerons à citer, d'une part, les monts de Kong, et de l'autre, le Dialiba ou Niger qui prend sa source dans ces mêmes montagnes, et qui a coûté de pénibles recherches aux voyageurs.

Le Soudan se divise en trois parties : le *Soudan occidental*, ou royaume du Haut-Bambara; le *Soudan central*, ou empire des Fella-

tahs., avec le Tombouctou ; et enfin
le *Soudan oriental*, ou empire de
Bornou.

Le voisinage de l'équateur fait
que le climat du Soudan est très-
chaud. Cependant les nuits sont
fraîches, et ces variations subites de
température sont très-nuisibles aux
Européens qui ont à se défendre
contre une multitude de mouches
et de moustiques. La meilleure manière de s'en préserver consiste à al-
lumer de grands feux et à se tenir
dans la fumée. On peut diviser les
saisons en sèche et pluvieuse. Cette
dernière dure depuis le mois de juin
jusqu'en septembre, et la pluie est

accompagnée d'éclairs et de violens coups de tonnerre. Le Soudan produit en abondance du millet, des dattes, des figues, des pommes de pin et des légumes.

Animaux et habitans.

Sur les bords du lac Tchad et le long des rivières, on rencontre des troupes d'éléphans, des hyènes, des lions d'une grosseur énorme, des panthères, des léopards, des loups, des chacals, des singes ; des crocodiles et des hippopotames se trouvent aussi fort communément dans la Nigritie. Les bœufs, les chèvres et les moutons forment en outre des troupeaux considérables. On n'emploie pour bêtes de somme que le bouvard et l'âne.

Les nations du Soudan sont entièrement noires. Elles professent la religion de Mahomet et sont hospitalières. Les principales sont celles des Bornouens et des Fellatahs. Nous allons examiner séparément chacune des trois parties qui composent le Soudan, et donner un aperçu aussi exact que possible de cette contrée à peine connue.

Soudan occidental.

Cette partie de la Nigritie avoisine la Sénégambie. Elle est arrosée par une rivière considérable, nommée Niger, et qui rappelle la fin malheureuse du célèbre Mungo-Park qui, en la descendant sur une barque, se trouva jeté sur les rochers, puis massacré par les habitans. Le Soudan occidental offre un sol montagneux et aride. Sego, capitale du pays, est bâtie sur la rive gauche et la rive droite du Niger. Elle est ceinte de hautes murailles de boue; les maisons sont carrées, construites

en terre, et ont des toits en terrasses,
c'est-à-dire plats; quelques-unes de
ces maisons ont deux étages, et sont
badigeonnées de blanc. Comme la
religion mahométane est professée
par la majorité des habitans, on a
construit des mosquées dans chaque
quartier de la ville; mais leur archi-
tecture est tout-à-fait simple et sans
luxe. Les nègres du Bambara (Soudan
occidental) s'empressent toujours
d'accomplir les devoirs de l'hospita-
lité envers les étrangers malheureux.
Et Mungo-Park rapporte qu'étant
dévoré par la faim, une femme l'ac-
cueillit avec bonté, le conduisit dans
sa cabane; lui offrit une natte pour

passer la nuit, et lui donna à manger du poisson grillé sur les cendres. Pendant ce temps-là toutes les femmes de la famille s'occupaient à filer le coton et improvisaient des chansons, dont une a été traduite littéralement ; la voici : « — Les vents rugissaient et les pluies tombaient : le pauvre homme blanc vint et s'assit sous notre arbre : il n'avait point de mère pour lui donner son lait, point de femme pour lui moudre son blé. » Puis elles répétaient en chœur : « Ayons pitié de l'homme blanc, il n'a point de mère, etc. »

On rencontre dans le Bambara un grand nombre d'animaux nuisibles, tels que des lions d'une grosseur extraordinaire, des requins qui peuplent le Nil, et des moustiques dont les piqûres sont cuisantes et donnent même des accès de fièvre.

Quand viennent à tomber les pluies tropicales, le Soudan occidental ne tarde pas à être inondé, et il est impossible de voyager un peu loin par terre.

Soudan central. Soudan oriental, ou empire de Bornou. Darfour.

Le *Soudan central* est sans contredit la partie la moins connue de la Nigritie. Elle est habitée par des

Nègres et des Maures. Nulle part la religion de Mahomet n'est observée plus rigoureusement : l'on rapporte qu'un nègre étant allé loger dans une auberge de Tombouctou, le maître étendit une natte sur le plancher, et y mit une corde en disant : « — Si vous êtes Musulman, vous êtes mon ami, asseyez-vous ; si vous êtes un kafir, vous êtes mon esclave, et avec cette corde je vous conduirai au marché. » C'est cette intolérance particulière aux sectaires de Mahomet qui a fait dire qu'il n'était pas permis à un chrétien d'habiter Tombouctou. Cette ville a longtemps excité la curiosité des voyageurs. C'est là que se tiennent les principaux marchés fréquentés par les Maures et les Nègres. Il est dangereux d'explorer le Soudan central à cause de la férocité des peuplades qui l'habitent et qui considèrent comme un devoir d'exterminer les chrétiens. Le *Soudan oriental* n'est pas très-éloigné des frontières occidentales de la Nubie ; il est habité par les Tibbous. Ces indigènes ont la peau noire, un corps mince, les joues saillantes, le nez épaté, la bouche large. Ils mâchent une grande quantité de tabac, même en poudre. Le Soudan oriental ne produit guère que des dattiers; la culture y est né-

gligée. Le Darfour touche, à l'ouest,
au royaume de Bornou, et à l'est à
la Nubie. Un seul voyageur a visité
ce pays, qui est pour ainsi dire in-
connu.

Abyssinie.

L'Abyssinie est bornée à l'orient par
la mer rouge ; au nord, par de vastes
forêts qui la séparent de la Nubie;
à l'occident et au midi par des contrées presqu'entièrement inconnues.
Ce pays élevé est coupé par de hautes
montagnes couvertes de bois, et où
l'on découvre les sources d'un grand
nombre de fleuves et de rivières.
Dans la saison des pluies, ces sources

fournissent des eaux en si grande abondance, que les vallées sont inondées en peu de temps, et il est impossible de les parcourir même à cheval, à moins que l'on ne veuille courir le risque d'être entraîné par la force des courans.

La température varie selon les localités ; dans certains endroits, la chaleur est accablante, et dans d'autres, on voit tomber de la neige et de la grêle. La végétation est magnifique presque partout : on rencontre assez communément des bois naturels de citronniers et de limoniers ; les figuiers, les tamariniers, les acacias, les vignes et les rosiers croissent aussi dans cette contrée. Le sol est cultivé avec autant de soins que le permet l'état à demi-sauvage de la nation, et produit le froment, l'orge, le millet, le thef, différentes sortes de légumes, beaucoup d'arbres à fruits, et des fleurs très-recherchées pour leur éclat et leur suavité. Il est des lieux où la culture du froment est pratiquée sur une si vaste échelle qu'il ne reste pas une forêt debout ; aussi, faute de bois, les habitans sont-ils obligés de faire cuire leurs alimens avec de la fiente de vaches et de chameaux.

En Abyssinie, le règne animal est riche et varié : dans les vallées cou-

vertes de forêts, on trouve fréquemment des éléphans et des rhinocéros
à deux cornes. Quelques zèbres se
rencontrent dans les provinces du
midi; les montagnes boisées sont
peuplées de lions, de panthères, de
léopards et d'une multitude de
hyènes qui, pendant la nuit et même
en plein jour, se répandent dans les
villes et les cimetières pour déterrer
les cadavres et enlever les débris des
suppliciés abandonnés au milieu des
rues. On trouve aussi en Abyssinie
beaucoup de singes, de gazelles, de
buffles et de sangliers. Les bœufs
sont célèbres par la dimension de
leurs cornes qui ont quelquefois

quatre pieds de longueur. On se sert des chameaux dans le désert qui avoisine la côte. Les essaims d'abeilles sont fort nombreux, et il n'est pas rare de voir des nuées de sauterelles s'abattre sur des récoltes où elles font de grands dégâts ; mais si ces insectes sont grandement nuisibles, en revanche ils composent un des mets les plus recherchés par les Abyssins.

Abyssins.

Parmi les Abyssins, il y a des hommes très-blancs, d'autres noirs avec des cheveux lisses ; un assez grand nombre sont cuivrés et portent

des cheveux laineux; quelques-uns
sont noirs et ont des cheveux crépus.
Cependant le type abyssin se reconnaît au teint bronzé, aux cheveux
lisses, ayant les traits, la nature et le
caractère des Européens. Leur réli-
gion est le christianisme; mais ils n'o-
béissent pas à la cour de Rome, et dé-
pendent du patriarche d'Alexandrie.

Nous allons maintenant citer quelques coutumes bizarres rapportées
par Bruce, et qui, sans être en rap-
port avec les mœurs des Abyssins,
ne laissent pas d'offrir beaucoup d'intérêt : d'abord, ce voyageur raconte
qu'il rencontra, non loin d'Axum,
trois individus qui faisaient marcher

devant eux une vache. Arrivés au bord d'un ruisseau, ils firent une halte; et, dans un moment d'appétit, l'un d'eux coupa quelques tranches de viande sur le bas de la croupe de la pauvre vache qu'ils firent ensuite marcher comme auparavant. On a soutenu que la chose était impossible, mais différens voyageurs ont rapporté ce fait, et chacun sait que les Abyssins ne dédaignent pas la chair crue.

Une relation d'un dîner, que nous trouvons encore dans les voyages de Bruce, n'est pas moins curieuse que la précédente : « On place dans une grande salle une longue table entouréc de bancs sur lesquels les convives s'asseyent. L'usage des tables et des bancs a été introduit en Abyssinie par les Portugais; autrefois on ne se servait dans les maisons que des cuirs de bœufs qu'on étendait à terre et sur lesquels on se couchait à demi comme on le fait encore à l'armée et dans la campagne. On conduit à la porte de la salle à manger une vache ou un taureau, suivant que la compagnie est nombreuse; et quand on a bien lié les pieds de l'animal, on lui fend la peau qui lui pend sous la gorge et que nous appelons le *fanon*; mais on la fend de manière à n'arriver qu'à la partie grasse qui

compose ce fanon, et à se contenter
de percer quelques petites veines d'où
l'on fait couler à terre cinq ou six
gouttes de sang seulement. On fait en
sorte de tenir l'animal en vie jusqu'à
ce qu'on ait achevé de le dévorer.
Quand ils croient avoir satisfait à la
loi de Moïse, en répandant à terre
quelques gouttes du sang de l'animal,
deux ou trois de la troupe se mettent à
leur sanglant ouvrage. Ils commencent par lui lever la peau de chaque
côté du dos; ensuite, enfonçant leurs
doigts entre cuir et chair, ils l'écor-
chent jusqu'à la moitié des côtes et
sur la croupe, coupant toujours la
peau dans les endroits où ils seraient

gênés pour la lever, puis ils dépè-
cent la viande sans toucher aux os,
et les mugissemens plaintifs du pauvre animal sont le signal auquel on
se met à table. »

« Au lieu d'assiettes, on sert
devant chaque convive des gâteaux
ronds de l'épaisseur d'environ un
demi-travers de doigt. C'est une espèce de pain sans levain, d'un goût
un peu aigre, mais agréable et facile
à digérer : on le fait avec du thef; il
est de différentes couleurs, tantôt bis,
tantôt très-blanc. Il y a communément deux ou trois de ces gâteaux
vis-à-vis de chaque convive, avec
quatre ou cinq pains bis ordinaires

dont les maîtres se servent seulement pour s'essuyer les doigts en dînant, et que les esclaves mangent ensuite. »

« Dès que les convives sont assis, trois ou quatre domestiques s'avancent, portant chacun dans leurs mains un grand morceau de chair crue et saignante qu'ils posent sur les gâteaux de thef qui servent à la fois de plats et de nappe. Tous les hommes tiennent à la main le même coutelas dont ils font usage à la guerre, et les femmes ont de mauvais petits couteaux à peu près pareils à ces couteaux de deux sous qu'on fabrique à Birmingham. »

Plus loin, notre voyageur ajoute,

après avoir dit que les femmes seules découpent la viande :

« Les hommes ayant remis leurs coutelas dans leurs fourreaux, appuient leur mains sur les genoux de chacune de leurs voisines, se tiennent le corps penché, la tête avancée et la bouche ouverte comme des idiots, se tournant sans cesse du côté des mains qui leur présentent le morceau, et qui les empâtent si bien qu'ils courent grand risque d'être étouffés. C'est là une marque de grandeur; celui qui avale les plus gros morceaux, et qui fait le plus de bruit en les mâchant, est regardé comme le mieux élevé et celui qui sait le mieux vivre. Aussi y a-t-il parmi

eux un proverbe qui dit : « Les mendians et les voleurs n'avalent que
de petits morceaux sans faire du
bruit. »

Autre Coutume des Abyssins. —
Lorsque le roi des Abyssins occupe son palais de Gondar, ville capitale de la contrée, une multitude
de gens du peuple se réunissent sous
ses fenêtres et font entendre des cris
plaintifs. On s'imagine tout d'abord
que ce sont des mendians, mais point;
ces hommes viennent demander justice et exposer leurs différens qui, le
plus souvent, ne méritent pas que
l'on y fasse attention. C'est une coutume établie de longue date, et dans

le but de faire honneur au roi et
de lui ôter les ennuis d'une silen-
cieuse oisiveté. Lorsque Bruce était à
Gondar, il ne fut pas peu surpris d'entendre ce même bruit devant sa porte;
mais ne sachant ce que cela voulait
dire, il fit venir à lui quelques-uns des
pleureurs dont les contorsions et les
plaintes commençaient à le fatiguer. Il
s'aperçut alors que les personnes qui
l'obsédaient avec tant d'opiniâtreté,
étaient pour la plupart attachées à son
service : leur ayant demandé la cause
de leurs cris, ils lui répondirent que
leur intention était de lui rendre les
honneurs dus à son rang. Épuisé par
un office aussi fatigant, l'un d'eux

tendit la main à Bruce et lui de-
manda à boire afin de pouvoir re-
nouveler ses gémissemens.

Eglises d'Abyssinie.

Nous avons dit que les Abyssins
professent les dogmes du christianisme, mais qu'ils sont soumis au
patriarche d'Alexandrie. Parlons
maintenant de leurs églises : leur
nombre est surprenant; et quoique
le terrain soit montueux et ne per-
mette pas à la vue de s'étendre, de
presque tous les points où on se place,
on découvre néanmoins plusieurs
églises à la fois. Elles sont bâties à
peu de distance des eaux courantes,

et toujours sur le sommet arrondi des plus belles montagnes, au milieu des bois de cèdres que l'on émonde avec précaution en ménageant une promenade à couvert entre les troncs et les murailles. Ces églises sont rondes et couvertes d'un toit de chaume en pain de sucre; l'intérieur est décoré de peintures sur parchemin, fixées avec des clous. On ne pénètre dans les églises d'Abyssinie que pieds nus. Il n'est presque pas de riche qui, de son vivant, ne fasse construire une église ou ne laisse de quoi le faire après sa mort, persuadé que cette action efface ses péchés aux yeux de Dieu et des hommes.

Costumes des Abyssins.

Les costumes des Abyssins sont variés : les uns vont tête nue et n'ont, pour vêtement, qu'une espèce de caleçon qui prend au-dessus des hanches et descend jusqu'aux genoux; d'autres se drapent à l'antique avec une longue pièce d'étoffe; quelques-uns se coiffent d'un turban, mais ils sont en petit nombre; car, la plus grande insulte qu'un Abyssin puisse faire au roi de Gondar, c'est de se couvrir la tête, surtout d'une coiffure blanche.

Nubie.

La Nubie se trouve au nord-ouest de l'Abyssinie, à l'endroit où les trois rivières qui forment le Nil convergent pour opérer leur jonction. Ce pays est montagneux, mais il y a loin de la richesse de sa végétation à celle de l'Abyssinie. Il y a des lieux mêmes où l'on ne rencontre pas un seul arbre, et il en est ainsi des environs de Sennaar, où, faute de meilleur combustible, l'on est obligé de faire cuire les alimens avec de la fiente de chameaux. Pendant un certain temps de l'année, une chaleur

insupportable règne en Nubie, mais
fort souvent des pluies continuelles
et abondantes font déborder les rivières et les lacs; puis, quand vient
la sécheresse, il se dégage des eaux
croupies, des miasmes putrides qui
engendrent des maladies dangereuses.
La ville de Sennaar, qui est la capitale du pays, se ressent vivement
des pluies tropicales et des vents em-
poisonnés qui leur succèdent; aussi,
les chevaux, les bœufs, les chiens et
beaucoup d'autres animaux ne peuvent y vivre.

Le règne animal nous offre en
Nubie les mêmes espèces qu'en Abyssinie. Les habitations sont faites en

argile mêlée de paille. La nourriture des gens du pays se compose de millet, de froment et de riz.

Caractères, Mœurs, Religion et Vêtemens des habitans de la Nubie.

Les habitans de la Nubie ont de petits traits; leur chevelure est laineuse, leur nez aplati, et ils parlent un langage doux et sonore. Ils sont inhospitaliers, voleurs, et ne reculent point devant l'assassinat. Beaucoup sont mahométans; mais ils suivent mal leur religion, et ne se font pas scrupule de manger des porcs qu'ils font cuire entiers dans des fours en terre glaise, chauffés avec de la fiente de chameaux. Quelques-uns sont convertis au christianisme, d'autres adorent la lune ; et, toutes les fois qu'elle brille, ils lui rendent hommage avec satisfaction. Quand la lune est nouvelle, ils sortent de leurs huttes et la contemplent en prononçant quelques paroles religieuses et en gesticulant des pieds et des mains. Une sorte de fétichisme paraît aussi exister dans la Nubie. On s'habille à Sennaar avec une longue chemise bleue de toile de coton de Surate, appelée Marowty, qui descend du bas du cou jusqu'aux pieds. Le vêtement des femmes est le même que celui des hommes, avec cette différence ce-

pendant que le collet de leurs che-
mises couvre entièrement le cou et
est boutonné. Quand il fait beau,
les femmes portent des sandales et
des espèces de patins de cuir élégam-
ment ornés de coquillages. Mais d'habitude, hommes et femmes, quel que
soit d'ailleurs leur rang dans la société, marchent pieds nus dans leurs
maisons.

A l'époque des grandes chaleurs,
les habitans de Sennaar ne se bai-
gnent pas, mais ils se font arroser
le corps de plusieurs seaux d'eau.
Une fois par jour, les hommes et les
femmes se frottent les membres et le
visage avec de la graisse de chameau

mêlée de civette. Ils couchent sur une peau de bœuf bien tannée et adoucie avec cette même graisse.

Anecdote racontée par un Voyageur.

Lorsqu'un Nubien est coupable d'un meurtre, il est condamné à payer à la famille de la victime une forte amende, et à remettre au gouverneur six chameaux, une vache et sept moutons. Il y a aussi des amendes pour les blessures; elles varient selon que ces blessures sont plus ou moins graves. Si la personne condamnée s'évade pour ne pas payer, on s'en prend à sa femme et à ses enfans que l'on retient en prison à la place de

l'époux qui est en fuite. Ceux qui
sont insolvables reçoivent la baston-
nade par ordre du gouverneur; et à
ce sujet nous allons reproduire une
touchante anecdote racontée par un
voyageur. « Attirés, dit-il, par le
charme d'une nuit superbe, nous
errions à l'aventure dans la plaine sablonneuse, entre le Nil et la chaîne
lybique : soudain nous aperçumes
dans le lointain la lueur d'une lampe;
nous allâmes de ce côté; et, en ar-
rivant dans une cabane, nous nous
étendîmes sur les nattes pour nous
reposer. Deux jeunes gens, d'une
figure intéressante y entrèrent : bientôt un plus jeune se prosterna à terre

et se mit à prier à la manière des Orientaux. Au milieu de ses larmes et de ses soupirs, je distinguai les mots suivans : « Mon père...... ma mère.... pitié.... haïm-mékam (gouverneur de village). » Le plus âgé, assis à l'écart, paraissait plongé dans des réflexions profondes, et jetait de temps en temps un coup-d'œil sur son frère, puis il commença aussi à pleurer.

« Notre curiosité était excitée au plus haut degré, et d'autant plus que ces jeunes gens ne nous voyaient pas ; nous étions dans le coin opposé du hangar où les pâles rayons de la lampe n'atteignaient pas. Désirant savoir le sujet de leur douleur, j'appelai l'aîné dont le chagrin semblait plus modéré. Ma voix lui causa d'abord une sorte de frayeur; mais, dès qu'il nous eut aperçus, il s'approcha de nous, toutefois en hésitant lorsqu'il reconnut notre habit turc. Je lui demandai qui il était, et la cause de son affliction. J'appris qu'ils étaient les fils du cheik enterré dans ce lieu; ils venaient de la rive orientale du Nil pour arroser le petit jardin situé près de la maison paternelle. Leur père leur avait laissé en héritage ce jardin qu'il avait cultivé de ses mains pendant plus de vingt ans; ils y avaient semé de l'orge et des haricots, et les

palmiers qui s'élevaient sur les bords
du Nil leur appartenaient aussi. Cette
petite propriété leur suffisait à peine
pour soutenir leur mère; cependant
le pacha exigeait un impôt de quinze
piastres. L'impitoyable Albanais,
kaïm-mékam du village, employait
tous les moyens pour contraindre
la mère à payer cette somme; il avait
fini par mettre les fils en prison; ils y
avaient langui quinze jours; leur mère
s'était efforcée, pendant ce temps, de
rassembler l'argent demandé. L'Albanais lui accorda encore un délai de
deux jours et la menaça, si elle ne le
satisfaisait pas, de faire appliquer à
son fils aîné cent coups de bâton sous

la plante des pieds. La mère n'ayant
pu ramasser l'argent qu'il fallait, le
farouche gouverneur déclara que,
s'il ne l'avait pas le lendemain, chacun de ses enfans recevrait quatre-
vingts coups de bâton. Cette mère
sensible ne put supporter l'idée des
souffrances de ses fils; ses larmes,
ses supplications, l'intervention du
cheik du village, déterminèrent le
turc inexorable à la mettre en prison
au lieu de ses enfans; elle était pré-
parée à endurer tous les tourmens
pour sauver les infortunés qui lui de-
vaient l'existence. Le gouverneur
(kaïm-mékam) accorda encore un
mois de répit, en promettant à la

mère de lui infliger le châtiment le
plus rude, si on ne le payait pas.
« Que comptez-vous faire? deman-
» dai-je à ces jeunes gens. — Notre
» projet, reprit l'aîné, est de vendre
» la récolte de dattes de ces palmiers
» et celle de l'orge de ce jardin. —
» Mais que deviendrez-vous? — Nous
» irons à Assouan, continua le jeune
» homme; chemin faisant, nous vi-
» vrons d'aumônes, nous y cherche-
» rons du service sur les bateaux du
» Nil. »

« Ce récit nous émut. Le plus
jeune de ces Nubiens, âgé seulement
de douze ans, écoutait en silence; ses
larmes ne tarissaient pas. Nous nous

estimâmes très-heureux de pouvoir
alléger le sort de cette famille déses-
pérée. Ayant réuni entre nous la
petite somme dont elle avait besoin,
je la donnai à l'aîné, en lui disant:
« Porte demain cet argent au kaïm-
mékam, et délivre ta mère. » Il est
impossible de peindre le sentiment
de reconnaissance que ce faible don
fit naître dans le cœur de ces jeunes
gens; ils ne savaient comment l'ex-
primer, ils se jetèrent à nos pieds;
le moins âgé s'étant relevé, se
précipita vers le drapeau blanc du
tombeau de son père, le couvrit de
baisers et s'écria avec une naïveté
charmante : « Père saint, qui con-

temples la face du maître de l'univers, prie pour eux afin qu'il les récompense au centuple et augmente leur puissance dans leur vallée. » Ce mélange d'idées superstitieuses et de piété filiale avait quelque chose de singulièrement touchant. Cet enfant croyait, comme tous ses compatriotes, que les autres pays de la terre sont, de même que la Nubie, partagés en vallées. De retour à notre tente, nous vîmes ces deux jeunes gens s'approcher du Nil; ils se saisirent d'une solive, et, à son aide, traversèrent le fleuve à la nage. »

Nous terminerons cette description relative à la Nubie, en disant que cette contrée comprend la Nubie turque, le royaume de Dongolah, le royaume de Sennaar, le Bedjah et le Nabab. La loi exige, dans le Sennaar, que pendant son règne, le roi laboure et ensemence de sa main un champ entier. D'après cela on pourrait penser que ce monarque ne possède pas un pouvoir absolu sur ses sujets; cependant le contraire existe, et il est l'objet d'un respect avilissant. Les fonctionnaires publics marchent sur ses traces; ils se montrent exigeans envers le peuple, et une femme ne passe jamais devant eux sans quitter ses sandales et marcher pieds nus.

Grand Désert ou Sahara.

Ce désert immense, que les Arabes nomment Sahara, s'étend, d'un côté, du rivage de l'océan aux frontières occidentales de la Nubie, et de l'autre, des limites septentrionales de Soudan aux limites méridionales des états barbaresques. Il a une superficie de 200,000 lieues carrées. Peu élevé au-dessus du niveau de la mer, il est recouvert de sable que les vents balaient à leur gré sur les côtes. Dans l'intérieur du désert on ressent une chaleur accablante, et le voyageur ne rencontre ni arbres pour se mettre à

l'abri des feux d'un soleil vertical,
ni de ruisseaux pour se désaltérer;
il y a bien quelques puits, mais
ils sont fort éloignés les uns des
autres et ne renferment qu'une eau
fangeuse, croupie, empoisonnée et
qu'il faut puiser à une grande pro-
fondeur; en outre il arrive assez souvent que ce sable, chassé par le vent,
vient combler ces puits. « Des nuées
de sable, dit M. Albert Montémont,
tantôt courant avec rapidité, tantôt
s'avançant avec une majestueuse len-
teur, parcourent le Sahara, comme
les trombes d'eau qui troublent l'O-
céan. Quelquefois leurs têtes sem-
blent toucher les cieux, se brisent et

dispersent leur volume sablonneux dans les airs; d'autres fois, c'est leur milieu qui se rompt avec un bruit semblable à l'explosion d'une mine; enfin ces nuées de sable, dépassant la terre ferme et débordant sur la surface des mers, se montrent aux marins comme de vastes brouillards qui vont couvrir de poussière leurs vaisseaux. Toujours le ciel, brûlant, a un aspect rougeâtre qui ressemble à un grand incendie. La pluie qui tombe du mois d'août à celui de septembre, ne s'étend pas à toutes les parties du désert, et d'ailleurs elle est bientôt absorbée par les sables. »

Vents du Désert, Oasis, Animaux et Habitans.

De temps en temps il souffle dans le désert un vent que les Arabes appellent *Semoun*, et qui donne promptement la mort si on ne s'en garantit avec précaution. On a vu périr des caravanes entières pendant leur traversée qui ne dure pas moins de trois ou quatre mois. D'habitude, les chameaux ne se trompent point sur l'arrivée de ces vents meurtriers qui chassent le sable devant eux et coupent la respiration aux voyageurs; c'est alors que ces animaux s'agenouillent, et placent leur tête entre leurs jambes, en attendant que la bourrasque soit passée.

Toute l'étendue du désert n'offre pas la même aridité, et parfois l'on rencontre des morceaux de terrain arrosés de petits ruisseaux et couverts d'une végétation excessivemen pauvre, mais qui semble délicieuse en de pareils lieux. Ces points de terre verdoyante, égarés dans une mer sablonneuse, portent le nom de *Oasis*. Il ne faut y aborder qu'avec une grande précaution, car elles sont peuplées ordinairement de lions et de tigres la plupart du temps affamés. On rencontre dans le Sahara un assez grand nombre d'autruches qui confient leurs œufs à la chaleur du sable. Comme on le sait, ces oiseaux sont de la hauteur du cheval, et courent avec une prodigieuse rapidité.

Les habitans, dispersés dans le désert, sont d'origine maure. Du côté de l'Océan on rencontre différentes tribus indépendantes les unes des autres, que l'on nomme Ouadelins, Monslemines, Mongearts, Lubdesebas; dans l'intérieur, on trouve les Ludamar-Bir et les Ghedinyoum; en se rapprochant des frontières de la Sénégambie, on visite les Bracknas, les Trarzas et les Darmancous. A l'orient, ce sont les

Tibbous et les Touaricks. Tous ces Maures logent sous des tentes recouvertes d'une étoffe de poil de chameau, et couchent sur des nattes en jonc. Des sacs de cuir leur servent de meubles. Le plus riche d'entre eux est celui qui a le plus de filles; car il existe chez ces Maures une coutume qui consiste à vendre ses filles à qui les demande en mariage; aussi n'est-il pas surprenant de voir avec quel ton d'insolence et de fierté les maris traitent leurs femmes; ils les considèrent comme une marchandise bien payée.

Les hommes sont tête, jambes et pieds nus. Les femmes ne portent

qu'un pagne de toile. La religion des
Maures du désert est le mahométisme;
mais ils n'ont point de mosquées pour
prier. Ils sont inhospitaliers et féroces,
capables de tous les crimes, incapables
de faire quelque chose de bien; ils
traitent leurs prisonniers d'une épou-
vantable façon; et les voyageurs qui
visitent le désert, doivent constamment se tenir sur leurs gardes. Les
habitans du Sahara sont lâches; ils
assassinent leurs hôtes après leur
avoir offert protection et fait bon
accueil.

QUATRIÈME DIVISION.

De l'Égypte.

Nous touchons à la contrée la plus intéressante du continent africain, contrée qui rappelle une gloire antique, et qui de nos jours occupe un rang important parmi les nations civilisées. L'Egypte est divisée en trois parties : la Haute-Egypte au sud; l'Egypte Moyenne, et la Basse-Egypte, ou Delta, qui se trouve au nord. Ce pays est encaissé entre des chaînes de montagnes médiocrement élevées, mais entièrement nues du sommet au faîte. Ces montagnes sont

d'une nature différente, selon les localités : en se rapprochant de la mer
elles sont calcaires; et en s'éloignant
au sud, du côté de la Nubie, elles
sont granitiques. C'est de là que l'on
a extrait les pierres destinées à l'élévation des monumens : et l'aiguille
de granit qui s'élève sur la place
Louis XV, à Paris (obélisque du
Louqsor), a été tirée des carrières
de la Haute-Egypte.

La partie méridionale de l'Egypte
est d'un aspect très-pittoresque; mais
sa partie septentrionale, ou Delta,
présente une froide monotonie. Au
printemps, quand les moissons sont
achevées, on n'aperçoit dans la Basse-

Egypte qu'un sol nu, grisâtre, pou-
dreux et sillonné de profondes cre-
vasses. En automne, le tableau n'est
plus le même : le Nil a débordé, et
la terre est inondée d'une eau rougeâtre d'où s'élèvent, de distance en
distance, des villages, des palmiers
et des digues de communication.
Quand les eaux se retirent, le sol
est noir et fangeux. Pendant l'hiver
la végétation est admirable, et l'on
ne rencontre plus que des épis et
des fleurs qui s'étendent à perte de
vue. Alors aussi, le ciel est pur,
d'une sérénité ravissante, et le soleil
brille sans jamais s'égarer au milieu
des nuages.

Le Nil et le lac Mœris.

L'Egypte est arrosée d'un bout à l'autre, et du sud au nord, par un grand fleuve appelé *le Nil*. On ne sait pas encore positivement où il prend sa source, car ses cataractes en rendent la navigation fort dangereuse, et presque impossible. Ce fleuve déborde périodiquement par suite des pluies tropicales de l'Abyssinie; mais ces inondations, loin d'être alarmantes, sont au contraire la cause directe des richesses que les Egyptiens acquièrent par la culture d'un sol pour ainsi dire toujours vierge, et fécondé par un limon qui se renouvelle sans cesse. L'eau du Nil est salubre, agréable à boire, et un voyageur a dit avec beaucoup de raison qu'elle est parmi les eaux ce que le vin de Champagne est parmi les vins. Pour régulariser les inondations périodiques du Nil, le roi Mœris fit exécuter le projet le plus gigantesque qui jamais eût été conçu : on creusa dans le Fayoum (partie de l'Egypte moyenne) un lac dont on voit encore les traces. Ce réservoir avait soixante lieues carrées de surface, ou à peu près quarante lieues de tour. En le creusant, on calcule que les Egyptiens enlevèrent plus de onze cent milliards de mètres cubes de terre. Quelques écrivains supposent, non pas sans raison, que l'emplacement du lac Mœris était jadis occupé par un vaste marais ; et, s'il en était ainsi, il y aurait tout lieu de croire que la quantité de terre enlevée fut moins considérable que celle résultant du calcul et indiquée ci-dessus. Un canal mettait en communication le lac Mœris et le Nil : si le fleuve débordait outre mesure, le réservoir s'emplissait par l'intermédiaire du canal ; et ensuite, lorsque l'on avait besoin d'arroser le sol, en attendant les inondations produites par le Nil, il suffisait de lâcher les écluses.

Mer rouge.

La mer rouge est célèbre dans l'Histoire Sainte par le passage des Israélites commandés par Moïse. C'est cette mer qui sépare les déserts brûlans de l'Egypte du continent Asiatique. Voici ce qu'écrit M. Champollion-Figeac au sujet de Moïse : » Les Arabes-Bédouins ont conservé jusqu'à nos jours la tradition du passage de la mer rouge par Moïse, et ils donnent encore à quelques sources d'eau douce le nom de fontaines de Moïse. On sait la suite de ce grand événement; les Israélites arrivèrent sains et saufs au désert de Sinaï, et dressèrent leurs tentes vis-à-vis de la montagne. Moïse y monta pour parler à Dieu : il revint ensuite vers le peuple, en fit assembler les anciens; il leur exposa les ordres de Dieu qui, descendu lui-même sur le Sinaï, au milieu des éclairs, du tonnerre et des feux, donna sa loi dont Moïse présenta ensuite les tables au peuple en lui disant : elles sont écrites de la main de Dieu. Toutes les descriptions de ces lieux mentionnés dans la Bible sont encore d'une complète exactitude; on y suit Moïse errant avec son peuple aux environs du Sinaï, essayant, sans succès, de passer en Syrie pour conquérir la terre de Chanaan, attendant dans le désert que le courage et l'obéissance vinssent à son peuple indiscipliné, et que les souvenirs et les regrets de l'Egypte fussent effacés par la mort de ceux des Israélites qui y étaient nés. »

Climat, Végétaux et Animaux d'Egypte.

Le climat de l'Egypte est très-sain, et il a été reconnu, lors de l'expédition de Bonaparte en 1799, que les Français y mouraient en moins grand nombre que chez nous; cependant la peste se déclare malheureusement trop souvent dans cette contrée, mais cela arrive principalement à l'époque de la retraite des eaux du Nil. Il est probable qu'alors les vapeurs aqueuses chargent l'atmosphère et la rendent momentanément malsaine. Le vent du désert, appelé *semoum*, se fait sentir assez souvent en Egypte. Ce que nous avons dit de ce vent, en parlant du Sahara, nous dispense de revenir sur ses effets.

La végétation est merveilleuse dans cette contrée africaine, et on peut facilement se faire une idée de la fertilité du sol en songeant que tous les mois la terre est couverte de fleurs et de fruits. On récolte abondamment toute

sorte de céréales; les narcisses, les
roses et la violette répandent leurs
parfums de toutes parts; l'oranger, le
grenadier, le dattier, l'acacia, le figuier et la vigne y croissent sans le
secours de la culture; la Haute-
Egypte produit la canne à sucre et
quantité de plantes et d'arbres qu'il
ne nous appartient pas d'énumérer
ici. Si nous passons maintenant au
règne animal, nous trouvons des
lions, des girafes, des chameaux,
des chacals, des singes, etc. Dans le
Nil, on rencontre des poissons excel-
lens, des tortues et un reptile appelé
tupinambis; ce lézard a environ
quatre pieds de longueur et jouit

d'une grande renommée en Egypte
où on ne l'appelle que le *sauveur*,
le monitor; en voici la raison : on
prétend que lorsqu'on est menacé
par un crocodile, le tupinambis ne
manque jamais d'avertir de la pré-
sence du redoutable animal par des
sifflemens d'alarme. En Egypte, les
couleuvres et les vipères sont très-
communes et très-venimeuses, principalement la *vipère hajé*. Cependant les bateleurs du Caire finissent
par l'apprivoiser après lui avoir ar-
raché les crochets ; ils lui apprennent
à se *changer en bâton* et à *contre-
faire le mort*. Il se trouve encore
des gens qui affirment sérieusement

avoir le don de charmer les serpens
et le pouvoir de guérir de leurs morsures. Ils se nomment *psylles*. « On
appelle un psylle, dit M. Champol-
lion, pour se défaire des serpens
dangereux. Les psylles figurent en
Egypte dans les fêtes et promenades
religieuses, et en sont un des plus
curieux ornemens. Ils portent l'émo-
tion du peuple au plus haut degré
d'énergie. Dans les principales rues
du Caire, les psylles paraissent presque nus, affectant des manières d'in-
sensés et portant des besaces assez
vastes afin d'y rassembler un plus
grand nombre de serpens. Ils se font
un mérite d'avoir de ces animaux en-

lacés autour d'eux, enveloppant leur
cou, leurs bras et toutes les autres
parties de leur corps. Pour exciter da-
vantage l'intérêt des spectateurs, ils
se font piquer et déchirer la poitrine
et le ventre par les serpens, et réa-
gissent avec une sorte de fureur sur
eux, affectant de les manger tous
crus. » Plus loin, le même auteur
ajoute : « les gens riches qui craignent
les serpens s'adressent aux psylles
pour en préserver leurs maisons;
mais c'est le plus petit nombre qui
agit ainsi par prévoyance, les psylles
étant peu nombreux et très-exigeans
quant à leurs salaires. »

L'Ichneumon se rencontre commu-

nément en Egypte. Il était en grande
réputation chez les anciens parce
qu'il détruisait les serpens. On sup-
posait que, pour les attaquer, il se
roulait auparavant dans la vase qui,
en séchant, lui servait de cuirasse.
L'hippopotame habite la partie méridionale de l'Egypte, d'où les habitans le chassent en allumant des feux
sur le bord du fleuve et en faisant
beaucoup de bruit. Les oiseaux se
rencontrent aussi en grand nombre
dans cette contrée.

Population. — Coutumes.

Les habitans de l'Egypte sont de

trois races différentes : au centre et à l'occident on trouve les *Nègres*; la côte orientale est habitée par les *Cafres* qui ont un angle facial moins obtus que celui des Nègres, le nez élevé, les lèvres épaisses et les cheveux crépus; enfin les *Maures* qui ont la peau brunie par le climat, mais qui sont dotés d'une belle nature et d'une physionomie agréable. A Alexandrie le costume des habitans est hideux : ils se coiffent d'un bonnet grec ou *tarbouche*, entouré de mousseline grossière; ils portent des espèces de blouses avec une ceinture; ils vont jambes nues et sont mal-propres. Cependant il faut leur rendre cette justice de dire que, malgré leur vêtement, ils ne laissent pas de conserver une allure pleine de noblesse et de dignité. Les femmes portent ordinairement une grande robe bleue, un voile de grosse mousseline, bleue aussi, qui leur ceint la tête, et un petit voile noir qui ne laisse voir que les yeux.

Nous empruntons aux lettres publiées naguère sous forme de feuilletons, par une dame anonyme, Mme Suzanne V...., les détails intéressans qui vont suivre : « Dans les villages que nous aperçûmes le long du Nil, les jeunes filles se rassemblent pour puiser l'eau nécessaire à la famille. Elles

ne quittent pas le rivage sans se bai-
gner. Elles apportent dans cet exercice
toute l'agilité d'un poisson. Passe-t-il
une cange (barque du pays), elles l'en-
tourent en se jouant entre deux eaux,
et c'est vraiment une chose merveilleuse que de voir avec quelle rapidité elles se poursuivent, plongent
et s'évitent pour se poursuivre encore.
La couleur bronzée de leur peau
n'est point désagréable à la vue. Généralement, les femmes arabes ne
sont pas jolies; les lignes si pures de
l'ovale européen ne se retrouvent
pas en elles; leurs dents sont très-
blanches, mais leur bouche, leur nez,
leur front étroit et un peu déprimé,

tous ces traits sont sans grâces, sans
finesse et surtout sans expression.
Leurs yeux seuls sont beaux, noirs
et brillans, quand toutefois leur enfance a pu échapper aux effets de
l'ophtalmie (maladie des yeux). L'habitude de marcher nu-pieds et de se
livrer à des travaux pénibles, gros-
sit, sans les rendre désagréables, leurs
pieds et leurs mains. Leurs bras sont
bien faits, leur geste est vif, noble
et toujours approprié, comme leur
pose, à la sensation qu'elles veulent
traduire. Que de fois n'ai-je pas ad-
miré la noble démarche de ces femmes arabes, lorsque, joyeuses de leur
excursion au bord du Nil, elles re-

tournaient toutes ensemble au village, la tête chargée d'une espèce d'amphore (cruche) pleine d'eau, les mains levées à la hauteur de leurs épaules et chargées aussi d'autres amphores plus petites. » Plus loin, l'auteur *des lettres sur l'Egypte* ajoute : « Une particularité remarquable chez les femmes arabes, c'est l'uniformité physique et morale. A la campagne comme à la ville, servante et maîtresse ont même costume, mêmes habitudes, même ignorance, mêmes préjugés, même gaîté bruyante, même insouciance de l'avenir, même loquacité; c'est un des charmes de la campagne en Egypte,

une nécessité même pour le voyageur
fatigué de l'ardent soleil qui brûle un
paysage aride et sans verdure, que
d'entendre sur la route les éclats
perçans de ces voix joyeuses, tandis
que les vieillards fument gravement
leurs longues pipes, assis à terre, les
jambes croisées. »

Dans certaines parties de l'Egypte,
s'il se fait un mariage, on paie des
femmes qui marchent en tête du cor-
tége et poussent des hurlemens de
joie; s'il se fait un enterrement, les
mêmes femmes mettent (moyennant
une forte rétribution) leurs larmes,
leurs gémissemens et leurs contorsions au service de la famille du

mort. Les noces et les funérailles
sont d'autant plus remarquables, qu'il
y a un plus grand nombre de rieuses
ou de pleureuses commandées pour
la cérémonie.

Habitations.

Sur la route d'Alexandrie à
Fouah, les habitations sont de bien
chétive apparence, et ne se composent ordinairement que d'une seule
pièce dans laquelle l'air pénètre par
de petites ouvertures pratiquées
dans le mur, et qui ne méritent pas
le nom de fenêtres. Dans un coin
de la hutte se trouve une natte qui

sert à la fois de siége pour se reposer, de nappe pour les repas et de
lit pour la nuit. On y trouve en
outre quelques ustensiles en poterie,
une cruche pour aller puiser de l'eau
et un assortiment de pipes. Ce sont
là les habitations les plus grossières ;
le goût oriental règne dans certaines
villes ; dans d'autres, comme au
Caire, les maisons ont un cachet de
tristesse qui les rend désagréables à
la vue : elles sont grisâtres, dépour-
vues de régularité ; de petites fenêtres grillées leur donnent l'aspect
d'une prison, et à ce signe on peut
se convaincre de la jalousie qui dé-
vore les Arabes. Vue de loin, la

ville du Caire n'offre plus le même spectacle, et l'on croit retrouver de l'élégance, de la coquetterie dans l'ensemble des constructions; malheureusement, à mesure que l'on se rapproche de la ville, l'illusion se détruit. Les mosquées sont bien bâties; on n'y voit aucun ornement, et lorsque l'heure de la prière se fait entendre, on n'y entre que pieds nus.

Principales villes d'Egypte.

Les villes d'Egypte les plus remarquables remontent presque toutes à une époque reculée, ou sont assises sur des ruines célèbres. Dans la Haute-Egypte, nous voyons Assouan, bâti près des cataractes du Nil, sur les ruines de Syène. A 12 lieues des ruines de Thèbes, et sur l'emplacement où s'élevait autrefois *Latopolis*, on aperçoit aujourd'hui *Esneh*. En redescendant vers le nord, on retrouve les restes de la fameuse Thèbes aux cent portes ; elle renfermait un temple immense dont on voit encore les piliers de pierre jaune qui ont 3o pieds de circonférence. C'est sur les ruines de ce temple que l'on rencontre le village de Luxor d'où vient l'obélisque de même nom qui, aujourd'hui, est élevé sur la place Louis XV

(Paris). On nomme aujourd'hui la Haute-Egypte *le Saïd ;* elle est longue de 120 lieues.

L'Egypte moyenne a 70 lieues de longueur ; elle est placée entre la Basse-Egypte (Delta), au nord, et la Haute-Egypte (Saïd), au sud. *Minich* en est le chef-lieu. C'est l'ancienne *Hermopolis.* En pénétrant dans la Basse-Egypte, et toujours en allant du sud au nord, on voit d'abord *Soueys* et ensuite le Caire, ville capitale du Delta et même de toute l'Egypte ; elle est construite avec peu de goût ; les maisons ont deux ou trois étages, les fenêtres sont grillées et les rues sont étroites et tortueuses. La population du Caire est très-considérable; c'est là que fut assassiné le général Kléber à la fin du siècle dernier. Si on traverse le Nil en face du Caire, on arrive à *Gizeh*, petite ville à jamais célèbre par les *Pyramides*.

O colosses du Nil! séjour pompeux du deuil;
Oh! que l'œil des humains vous voit avec orgueil!
Devant vos fronts altiers s'abaissent les montagnes;
Votre ombre immense, au loin, descend dans les campagnes;
Mais l'homme vous fit naître, et sa fragilité
Vous a donné la vie et l'immortalité.
Que de fois à vos pieds m'asseyant en silence,
J'évoque autour de vous tout cet amas immense
De générations, de peuples, de héros,
Que le torrent de l'âge emporta dans ses flots.
Rois, califes, sultans, villes, tribus, royaumes,
Noms autrefois fameux, aujourd'hui vains fantômes,

Seuls vous leur survivez : vous êtes à la fois
Les archives du temps et le tombeau des rois;
Le dépôt du savoir, du culte, du langage,
La merveille, l'énigme et la leçon du sage.

DELILLE.

Ces pyramides sont des monumens énormes, mais sans élégance, autrefois destinées à la sépulture des Pharaons d'Egypte. La plus élevée a 543 pieds de hauteur; à sa base, les quatre faces ont chacune 700 pieds de long, et forment un contour de 3,000 pieds. Elle est couronnée d'un plateau de 28 pieds carrés, d'où l'on jouit d'un coup-d'œil magnifique. On rapporte que cette pyramide a 1,124,864 toises cubes, ce qui donnerait une quantité de pierres suffisante pour la construction d'une muraille de quatre toises de haut et une d'épaisseur sur une étendue de 563 lieues. Les pyramides sont au nombre de trois, et c'est à leurs pieds que Bonaparte remporta une grande victoire sur les 23 beys Mameloucks, le 11 juillet 1798.

Après le Caire, la ville la plus considérable de la Basse-Egypte est Alexandrie, qui s'élève près de l'embouchure du Nil dans la méditerranée; c'est là que débarquent les Européens. De loin, Alexandrie produit un effet charmant, et la colonne de Pompée, qui s'élève au-dessus de la

tête des maisons, donne à croire que
cette ville est riche en curiosités de
toute sorte, en monumens antiques
surtout. Une fois dans son sein, on se
trouve singulièrement désillusionné.
Les maisons ne sont pas élégantes,
tant s'en faut; les rues ne sont ni larges, ni pavées, et les habitans sont
hideux à voir. Cette ville a été fondée
par Alexandre-le-Grand, roi de Ma-
cédoine.

Aujourd'hui l'Égypte se relève rapidement de l'état d'abaissement où
l'avait plongée la domination des
Turcs. Les hommes de génie de toutes les nations reçoivent un accueil
flatteur du Pacha qui ne se borne

pas à appeler au secours de la civilisation égyptienne les lumières des
étrangers, mais qui envoie dans les
premières écoles de Paris un assez
grand nombre de jeunes gens de son
royaume, destinés à propager plus
tard chez eux les connaissances pré-
cieuses qu'ils acquièrent en France.

CINQUIÈME DIVISION.

Etats Barbaresques ou Barbarie.

Sous la dénomination générale
d'Etats Barbaresques, on comprend
les pays de Tripoli, de Tunis, la Régence d'Alger et l'empire de Maroc

qui embrassent cette vaste contrée limitée par l'Egypte à l'orient, par l'océan Atlantique à l'occident, par la Méditerranée au nord, et par les montagnes de l'Atlas au sud.

CLIMAT.—Le climat et la température varient dans les Etats barbaresques selon l'élévation du sol. A l'est de Maroc, les montagnes sont couvertes de neiges pendant une grande partie de l'année; à Alger, ces neiges fondent au mois de mai, et recommencent à tomber vers le mois de septembre; dans le pays de Tripoli qui avoisine l'Egypte, et où l'Atlas est moins élevé qu'ailleurs, il règne une grande sécheresse. Généralement, cependant, le climat de la Barbarie est salubre, et cela vient de ce que l'Atlas garantit cette contrée contre les vents brûlans du grand désert (Sahara), et de ce que, d'un autre-côté, les brises de la mer rafraîchissent de temps en temps l'atmosphère.

VÉGÉTATION. — Dans la plaine on cultive le froment, l'orge, le maïs, etc. Dans les vallées de l'Atlas, la végétation est d'une richesse dont rien n'approche : les orangers, les pêchers, les abricotiers, les amandiers, les oliviers, les grenadiers, les dattiers, les lauriers roses et les cactus y croissent naturellement. Au-dessus des vallées commencent à s'étendre de vastes forêts qui se composent, dans la partie inférieure, d'oliviers sauvages, d'arbousiers, de gommiers, de genévriers, etc.; et dans les régions plus élevées, de chênes ordinaires, de chênes-liéges, de pins de Jérusalem, de cèdres et de peupliers blancs. Dans la portion des forêts exposée au midi, on trouve beaucoup d'acacias et de thuyas.

RÈGNE ANIMAL.—On retrouve dans les différentes parties de l'Atlas tous les animaux que nous avons déjà rencontrés en Afrique, à l'exception du rhinocéros, de l'hippopotame, du zèbre, de la girafe et de quelques singes. Parmi les animaux féroces nous trouvons le lion, le tigre, l'once, la panthère et le chacal qui se nourrit de cadavres. En outre, on y voit le sanglier, le mouton, l'âne et le chameau.

Etat de Tripoli.

L'Etat de Tripoli est borné au nord par la Méditerranée, à l'est par l'Egypte, au sud par le désert de Lybie et le Sahara, et à l'ouest par l'Etat de Tunis. Le climat, ainsi que nous l'avons dit dans l'exposé général sur les Etats barbaresques, est moins salubre que dans les autres contrées qui s'étendent à l'ouest. Le vent du sud y souffle fréquemment, et quelquefois l'Egypte y répand la peste. La ville capitale est Tripoli; elle est bâtie sur le bord de la mer, et bien fortifiée. Les maisons des gens de distinction sont en pierre, et blanchies à l'eau de chaux deux fois par an. Celles du peuple sont construites en terre, en petites pierres et en mortier. Les bains publics, les bazars, les mosquées, les auberges ou caravanserais sont dignes en tous points d'être admirés. Les environs de Tripoli sont magnifiques; on y trouve réunies toutes les richesses de l'art et de la nature; et de quelque côté que l'on jette les yeux on n'aperçoit que maisons de plaisance, parterres délicieux, bosquets d'orangers, etc. Si cependant on dépasse un rayon de deux lieues, tout change, et l'on ne trouve plus qu'un terrain sablonneux et aride.

Aux environs de Tripoli habitent encore des *psylles*, aussi fous que ceux que nous avons rencontrés en Égypte. Ils s'attribuent, ainsi que nous l'avons déjà dit, le pouvoir de guérir la morsure des serpens. Ils se présentent en public, en affectant des accès de frénésie et en se donnant un ton d'inspirés : dans ces momens, il arrive souvent qu'ils dévorent des chiens, des chats et des poules vivantes.

La contrée montagneuse et presque déserte, connue sous le nom de *Fezzan*, dépend des Etats tripolitains. Les Fezzanis ont la peau brune, le nez petit, les narines larges, les lèvres grosses, la bouche petite, les cheveux noirs et la barbe laineuse. Le gouvernement du bey de Tripoli est, nous devons le dire, le moins tyrannique de ceux des Etats barbaresques; et, dans ce pays, les chrétiens trouvent protection.

Etat de Tunis.

Dans cette contrée s'élevait autrefois la fameuse ville de Carthage, rui-

née par les Romains, après des efforts
inouïs. On rencontre partout des ruines, des fragmens de colonnes, des
débris de temples dispersés et des
tombeaux veufs de leurs cendres.
L'Etat de Tunis touche au nord et au
nord-ouest à la Méditerranée, au
sud-est au territoire de Tripoli, à
l'ouest à la régence d'Alger, et au
sud au grand désert. Ce pays est habité par des Maures et des Bédouins
ou Arabes nomades qui sont affables,
hospitaliers et moins disposés à la pi-
raterie que les Algériens et les Maroquins. La chaleur est souvent excessive dans l'Etat de Tunis, mais le
climat y est salubre. Les Tunisiennes

portent de longues chevelures, se tei-
gnent les sourcils et les paupières
avec de la mine de plomb, et consom-
ment dans leurs bains une grande
quantité de gomme et de parfums.

Tunis est la capitale du pays. Elle
est bâtie sur le bord d'un lac qui touche à la mer. Les maisons n'offrent ordinairement qu'un étage, et sont couvertes de terrasses. Au nord-est de
Tunis, on rencontre, après une heure
de marche, le long de la côte, l'emplacement sur lequel s'élevait Carthage. On trouve çà et là des colonnes de porphyre et de marbre blanc
brisées, des égoûts et des citernes. Le
cœur se serre à l'aspect de ces ruines

si riches en souvenirs. C'est là que le grand Annibal naquit; c'est là que Scipion l'africain porta le fer et la destruction, et c'est là aussi que le vieux Marius vint s'asseoir après avoir été proscrit.

Régence d'Alger.

La régence d'Alger, ou l'Algérie, est bornée au nord par la Méditerranée, à l'est par les territoires de Tunis et de Tripoli, à l'ouest par l'empire de Maroc, et au sud par le Sahara. Elle peut avoir 200 lieues de long sur 70 à 80 de large. Les villes capitales de sa dépendance sont Alger, Médéya, Oran, Constantine, Bone et Bougie.

ALGER.—Cette ville s'élève en amphitéâtre au bord de la mer. Les maisons sont blanchies à la chaux et couvertes en terrasses. Les rues y étaient si étroites lors de l'arrivée des Français, qu'un chameau chargé pouvait à peine passer dans les plus larges; mais maintenant il n'en est plus de même partout, et l'on y rencontre des rues propres et spacieuses; les maisons n'ont ordinairement point de fenêtres donnant sur la rue. Alger est bien fortifié, surtout du côté de la mer. Les édifices les plus remarquables sont les mosquées; on y remarque très-peu de tableaux, et on n'y entre que pieds nus. Au sommet de chaque mosquée se trouve un minaret, espèce de tour où, cinq fois par jour, monte un crieur appelé *Muezzin*, qui annonce aux Musulmans, et à grands cris, l'heure de prier.

POPULATION D'ALGER ET DE SES ENVIRONS.—Parmi les habitans de l'Etat d'Alger, on reconnaît sept variétés de l'espèce humaine, savoir : les Berbères, les Maures, les Nègres, les Arabes, les Juifs, les Turcs et les Coulouglis.

Berbères. — Ils sont aussi appelés *Kabiles*, et se tiennent au milieu des montagnes qu'ils abandonnent de temps en temps pour piller les tribus de Maures et d'Arabes leurs voisins. « Les Berbères, dit le capitaine Rozet, dont nous allons mettre l'excellent ouvrage à contribution, sont de taille moyenne; ils ont le teint très-brun, sans être noir; la couleur de leurs cheveux est toujours très-foncée; ils sont tous fort maigres, mais en même temps extrêmement robustes, et supportant les fatigues et les privations avec une constance et un courage remarquables. Leur figure est plus courte que celle des Arabes, et son expression a quelque chose de cruel, expression que leur conduite ne dément pas. Ils parlent un

langage particulier qui n'a de rap-
port avec aucune des langues connues, et qui doit être l'ancien Numi-
de. Ils se vêtent à peu près comme
les Arabes, avec une grande pièce de
laine blanche, de leur fabrique, qui
leur enveloppe tout le corps, et sur
laquelle ils mettent, quand il fait froid
ou qu'ils vont en voyage, un manteau
(*bernous*) de la même étoffe, portant un capuchon. Ils n'habitent
point sous des tentes, mais dans de
petites cabanes construites avec des
branches d'arbres ou des roseaux en-
duits de terre grasse. »

« Les Berbères entendent fort bien
l'agriculture ; ils sont très-indus-

trieux, et fabriquent eux-mêmes tout ce qui leur est nécessaire, jusqu'à des armes, de la poudre, et même de l'argent monnoyé. Ils exploitent aussi des mines de cuivre, de plomb et de fer. »

« Ceux qui vivent sur les bords des plaines, étant continuellement en contact avec les Arabes, ont embrassé l'islamisme jusqu'à un certain point ; mais le reste de la nation n'a pour ainsi dire point de religion. Les Berbères mettent toute leur confiance dans les *Marabouts*, auxquels ils rendent une espèce de culte. Ce sont des hommes plus instruits que les autres, et fort adroits, qui ressemblent assez aux devins de village. Les habitans de la tribu, dans laquelle vit un Marabout, ne font jamais une grande entreprise sans le consulter; il arrange les différens entre les particuliers, et même entre les tribus : c'est le juge suprême, etc... Lorsqu'ils meurent, on leur élève un tombeau magnifique. »

Les femmes berbères ne se couvrent point le visage. Leur mariage n'est qu'un véritable marché. Lorsqu'un jeune homme veut épouser une Berbère, il offre une certaine somme d'argent ou de bétail au père, qui lui remet sa fille en échange.

MAURES. — A cause de la douceur

de leurs mœurs, les Maures ont presque constamment subi la domination
des autres peuples. Ils sont d'une
taille au-dessus de la moyenne; ils
ont la peau un peu basanée, plutôt
blanche que brune; les cheveux très-
noirs, le nez aquilin, la bouche
moyenne et les yeux grands. Leur
embonpoint les distingue des Berbères. Ils portent une large culotte
qui laisse les jambes à découvert;
une veste et deux gilets brodés en
or ou en soie, un turban, et, pour
chaussure, des pantoufles de maroquin, appelées *babouches*. Les
Maures sont paresseux à l'excès : et,
les jambes croisées sur des bancs ou

des nattes, ils passent le temps à prendre le café et à fumer leurs pipes.

NÈGRES. — Il existe à Alger, et dans les environs, un grand nombre de Nègres qui, tantôt sont libres, et tantôt sont esclaves des Maures et des Arabes. Dans les tavernes enfumées d'Alger, ce sont de petits nègres qui servent le café et allument les pipes. Les négresses accompagnent ordinairement les femmes maures et arabes qui se rendent aux bains.

ARABES. — Ceux qui habitent les plaines ne diffèrent en rien des Arabes de l'Egypte. Ils sont divisés

par tribus, et chaque tribu obéit à
un *cheick*, ou chef. Ils sont nomades,
vivent sous des tentes, changent de
place selon les saisons. Ils sont guer-
riers et pillards, et portent le nom
de *Bédouins*. S'ils sont attaqués par
des forces supérieures aux leurs, ou
si la saison est mauvaise, ils plient
leurs tentes, chargent de butin leurs
chameaux, et s'éloignent en chassant
leurs troupeaux devant eux. Ils sont
vêtus à peu près comme les Berbères. Les femmes Arabes portent le
même costume que les Mauresques;
mais dans l'intérieur de la tribu,
elles ne sont pas tenues de se voiler
le visage, et peuvent parler aux
-hommes.

JUIFS. — Ils sont très-répandus dans les villes de la Régence où, comme partout ailleurs, ils s'occupent de commerce et font l'usure. Avant la conquête d'Alger par les Français, les Turcs imposaient aux Juifs un joug affreux : ils étaient obligés de se vêtir en noir; et, pour la moindre faute, on leur administrait la bastonnade. On n'avait aucune pitié d'eux, et bien souvent on leur tranchait la tête à coups de yatagan (grand sabre à lame large et recourbée). Les Juifs d'Alger n'ont aucun sentiment de la dignité d'homme; le despotisme turc les a abrutis; et, pour un peu d'or, ils se chargent volontiers de toutes les actions basses et viles.

Turcs. — Long-temps maîtres d'Alger, les Turcs y jouissaient de grands priviléges; mais, depuis l'occupation de la Régence par les Français, un grand nombre se sont retirés; il en reste encore quelques-uns qui ne forment point corps à part.

Coulouglis. — Ils proviennent de l'union des Turcs avec les Mauresques. Généralement, ce sont de beaux hommes; ils sont robustes, et ont la peau blanche. Ils se vêtent comme les Maures et les Turcs, mais avec plus de coquetterie.

Médéya.

Médéya est située entre le grand et le petit Atlas, sur une petite colline, et à 22 lieues sud-ouest d'Alger. Les maisons ne sont point blanchies à la chaux, et sont couvertes en tuiles creuses. Les rues de Médéya sont bien percées et bordées de trottoirs. Les Berbères habitent les environs de la ville. On y cultive des vignes et beaucoup d'arbres fruitiers. La religion de Mahomet défend aux habitans de boire du vin, mais ils font des raisins confits et une espèce de vin cuit très-recherché dans le pays.

Oran.

D'Alger à Oran, il y a environ 80 lieues dans la direction de l'est; les Français ne s'y rendent que par mer, car, par terre, ils auraient à lutter contre les Arabes nomades et les Berbères. Avant l'arrivée des Français, la population de cette ville s'élevait à cinq ou six mille âmes; mais un grand nombre a pris la fuite.

Constantine et ses environs.

Constantine est située à 20 lieues, est, d'Alger, au milieu d'une grande plaine, et sur le bord d'une rivière

nommée le Suffimar. La construction de cette ville est à peu de chose
près la même que celle de Médéya.
Sa population s'élève à 15,000 âmes,
et se compose d'Arabes, de Nègres,
de Turcs et de Juifs. Le bey qui
régnait sur la province, vient d'être
chassé par les Français, et la ville
est tombée entre leurs mains. Les
tribus qui avoisinent Constantine
sont belliqueuses, féroces ; et il ne
sera pas facile de les soumettre.

Bone et Bougie.

De Constantine à Bone, il y a
30 lieues, et l'on y arrive à travers

des bois d'oliviers et de sapins. Les maisons sont construites comme à Alger. Bone est à peu de distance de la Seïbouze, rivière assez considérable, et près de laquelle on retrouve les ruines du couvent de St-Augustin, qui, sous la domination romaine, s'occupa avec tant de zèle de convertir les Maures au christianisme. Bougie se trouve à 55 lieues de Bone, à 3o de Constantine, et à 45 d'Alger. Les montagnes qui environnent cette ville sont habitées par des Berbères indomptables.

Empire de Maroc.

L'Empire de Maroc occupe la partie occidentale des Etats barbaresques. Son territoire est extrêmement fertile en céréales et en fruits de toute sorte. Il règne dans le commerce une grande activité, et les exportations de peaux de bœufs, de maroquin, d'ivoire, de plumes d'autruches, de volaille, d'œufs, de bestiaux, d'huile d'argan, de fruits et de froment, sont très-fréquentes. Les Maroquins reçoivent en échange des draps, de la quincaillerie, du fer, du thé, du bois de construction, etc.

Le roi de Maroc est indépendant
de la Turquie; mais son pouvoir
est très-borné, car la plupart des
tribus arabes qui peuplent ses états
agissent selon leur bon plaisir, et
obéissent plutôt à leurs *cheicks* qu'à
leur *Sultan*. Dans l'empire de Maroc,
on voit des monastères catholiques.
Sans être persécutés, les moines sont
surveillés de près. Les Juifs sont au
contraire en abomination : on leur
jette de la boue au visage; on leur
défend de s'asseoir les jambes croisées devant un Maure. Ils sont tenus
de marcher pieds nus lorsqu'ils
passent devant une mosquée; ils ne
peuvent écrire en arabe. Les habits

verts ne peuvent être portés par leurs femmes; et, s'ils travaillent pour la cour, le seul salaire qu'ils doivent en attendre, c'est d'être battus; ils sont fort heureux quand on ne les paie pas de la sorte.

La capitale de l'empire est *Maroc.* Cette ville est à 115 lieues sud-est du détroit de Gibraltar. Autrefois elle renfermait 300,000 habitans, aujourd'hui elle n'en renferme plus que 30,000. Elle est située dans une plaine fertile et agréable. Ses maisons sont pour la plupart bâties avec une certaine élégance; mais la malpropreté règne partout. Dans les grandes chaleurs, il y a des serpens qui sortent de dessous les décombres et se glissent jusque dans les lits des Maroquins qui les accueillent fort bien et les vénèrent même. La sécheresse dure moins long-temps et se fait moins sentir dans l'empire de Maroc que sur les autres points de la Barbarie ; cela vient de ce que la cime de l'Atlas est presque toujours couverte de neige et arrête les vents brûlans qui soufflent dans le désert.

Causes de la barbarie des peuples de l'Afrique.

Nous avons parcouru à la hâte le continent africain ; nous avons esquissé à larges traits les mœurs et les usages les plus remarquables, c'est-à-dire les plus bizarres des peuples qui l'habitent, et partout ces hommes nous ont offert le spectacle d'une barbarie sans exemple et d'une pitoyable dégradation. D'où vient ce mal ? Pourquoi l'Afrique présente-t-elle un tableau moral si différent de celui de l'Europe civilisée, dont elle n'est séparée que par un détroit? La cause en est, ce nous semble, visible à tous les yeux, et il nous importe de la signaler.

Les peuples de l'Afrique sont, les uns, soumis à la religion, ou plutôt à la loi de Mahomet, les autres, au culte des *Fétiches;* or,

Mahomet et ses disciples imposèrent leur loi aux nations de l'Orient, les armes à la main. Commencée par la force, cette œuvre s'est maintenue dans les ténèbres. Partout où les lumières de la civilisation ont pénétré, la religion de Mahomet ne pourrait prendre racine, car elle est fausse, absurde, basée sur la violence plutôt que sur l'humanité, et l'esprit des peuples ne tarderait pas à en faire justice. Donc la condition d'existence pour le mahométisme, c'est l'ignorance, et l'ignorance est, comme chacun le sait, la source des mœurs barbares.

De son côté, le *fétichisme* est

une preuve de l'enfance des hommes
qui le pratiquent; il atteste l'absence
complète des sentimens de la grandeur et de la dignité, car ceux-là,
certes, s'estiment bien peu, qui adorent une pierre, un morceau de
bois, ou une brute de la plus vile
espèce; et l'on ne peut attendre rien
de bien, de noble, de majestueux
de la part de quiconque s'avilit
aussi gratuitement.

En résumé, la barbarie et la dégradation chez la plupart des peuples
de l'Afrique tiennent au mahométisme et au fétichisme. Détruisez
les causes, et les effets disparaîtront.
Or, la religion du Christ peut seule

opérer cette sainte révolution ; elle seule s'adresse au cœur, développe et satisfait l'intelligence. Malheureusement, elle ne pénétrera que difficilement sur ce continent, car le caractère belliqueux et sauvage des habitans lui résistera avec opiniâtreté, comme il a résisté aux aventureuses excursions de presque tous les voyageurs. Pour répandre en Amérique ses bienfaits incalculables, elle a pris pour égide la domination des Espagnols d'abord, et des Français quelques cents ans plus tard, pour s'introduire en Asie. Elle a suivi jadis les puissans navigateurs Portugais pour pénétrer en Afrique où la sauvage et brutale indépendance des indigènes est beaucoup plus redoutable qu'elle ne l'était dans le nouveau monde et en Asie. La religion du Christ devra, ce nous semble aussi, suivre la conquête et la domination. Ainsi, tandis que la France est en possession d'une partie des Etats barbaresques, les disciples du Christ peuvent, en toute sécurité, semer leurs dogmes religieux sur cette terre de l'islamisme ; et, tôt ou tard, la lumière finira par triompher des ténèbres. Ce triomphe sera lent, sans doute, mais il est incontestable, et les générations à venir en recueilleront les fruits. Des créatures ravalées au niveau de la brute, par le culte des fétiches et de Mahomet, puiseront dans la morale chrétienne des sentimens dignes de l'homme; l'amour fraternel éteindra, à tout jamais, ces querelles incessantes de peuplade à peuplade, de tribu à tribu; le caractère des indigènes perdra de son âpreté, et par suite des relations profitables à la science et à l'histoire pourront s'établir entre eux et nous.

FIN.

TABLE

DES MATIÈRES.

—

FIN DE LA TABLE.

www.ingramcontent.com/pod-product-compliance
Lightning Source LLC
Chambersburg PA
CBHW070357090426
42733CB00009B/1451